ARTHUR RIMBAUD

Poésies
Une saison en enfer
Illuminations

Préface
de René Char

Texte présenté,
établi et annoté
par Louis Forestier

Professeur
à l'Université de Paris IV

SECONDE
ÉDITION REVUE

nrf

GALLIMARD

SENSATION [1]

Par les soirs bleus d'été, j'irai dans les sentiers,
Picoté par les blés, fouler l'herbe menue :
Rêveur, j'en sentirai la fraîcheur à mes pieds.
Je laisserai le vent baigner ma tête nue.

Je ne parlerai pas, je ne penserai rien :
Mais l'amour infini me montera dans l'âme,
Et j'irai loin, bien loin, comme un bohémien,
Par la Nature, — heureux comme avec une femme.

Mars 1870.

SOLEIL ET CHAIR [2]

Le Soleil, le foyer de tendresse et de vie,
Verse l'amour brûlant à la terre ravie,
Et, quand on est couché sur la vallée, on sent
Que la terre est nubile et déborde de sang ;
Que son immense sein, soulevé par une âme,
Est d'amour comme dieu, de chair comme la femme,
Et qu'il renferme, gros de sève et de rayons,
Le grand fourmillement de tous les embryons !

Et tout croît, et tout monte !

— Ô Vénus, ô Déesse!
ɔe regrette les temps de l'antique jeunesse,
Des satyres lascifs, des faunes animaux,
Dieux qui mordaient d'amour l'écorce des rameaux
Et dans les nénufars baisaient la Nymphe blonde!
Je regrette les temps où la sève du monde,
L'eau du fleuve, le sang rose des arbres verts
Dans les veines de Pan mettaient un univers!
Où le sol palpitait, vert, sous ses pieds de chèvre;
Où, baisant mollement le clair syrinx, sa lèvre
Modulait sous le ciel le grand hymne d'amour;
Où, debout sur la plaine, il entendait autour
Répondre à son appel la Nature vivante;
Où les arbres muets, berçant l'oiseau qui chante,
La terre berçant l'homme, et tout l'Océan bleu
Et tous les animaux aimaient, aimaient en Dieu!
Je regrette les temps de la grande Cybèle
Qu'on disait parcourir, gigantesquement belle,
Sur un grand char d'airain, les splendides cités;
Son double sein versait dans les immensités
Le pur ruissellement de la vie infinie.
L'Homme suçait, heureux, sa mamelle bénie,
Comme un petit enfant, jouant sur ses genoux.
— Parce qu'il était fort, l'Homme était chaste et doux.

Misère! Maintenant il dit : Je sais les choses,
Et va, les yeux fermés et les oreilles closes.
— Et pourtant, plus de dieux! plus de dieux! l'Homme
                                                [est Roi,
L'Homme est Dieu! Mais l'Amour, voilà la grande Foi!
Oh! si l'homme puisait encore à ta mamelle,
Grande mère des dieux et des hommes, Cybèle;
S'il n'avait pas laissé l'immortelle Astarté
Qui jadis, émergeant dans l'immense clarté
Des flots bleus, fleur de chair que la vague parfume,

Montra son nombril rose où vint neiger l'écume,
Et fit chanter, Déesse aux grands yeux noirs vainqueurs,
Le rossignol aux bois et l'amour dans les cœurs!

II

Je crois en toi! je crois en toi! Divine mère,
Aphrodité marine! — Oh! la route est amère
Depuis que l'autre Dieu nous attelle à sa croix;
Chair, Marbre, Fleur, Vénus, c'est en toi que je crois!
— Oui, l'Homme est triste et laid, triste sous le ciel
[vaste,
Il a des vêtements, parce qu'il n'est plus chaste,
Parce qu'il a sali son fier buste de dieu,
Et qu'il a rabougri, comme une idole au feu,
Son corps Olympien aux servitudes sales!
Oui, même après la mort, dans les squelettes pâles
Il veut vivre, insultant la première beauté!
— Et l'Idole où tu mis tant de virginité,
Où tu divinisas notre argile, la Femme,
Afin que l'Homme pût éclairer sa pauvre âme
Et monter lentement, dans un immense amour,
De la prison terrestre à la beauté du jour,
La Femme ne sait plus même être Courtisane!
— C'est une bonne farce! et le monde ricane
Au nom doux et sacré de la grande Vénus!

III

Si les temps revenaient, les temps qui sont venus!
— Car l'Homme a fini! l'Homme a joué tous les rôles!
Au grand jour, fatigué de briser des idoles

Il ressuscitera, libre de tous ses Dieux,
Et, comme il est du ciel, il scrutera les cieux!
L'Idéal, la pensée invincible, éternelle,
Tout le dieu qui vit, sous son argile charnelle,
Montera, montera, brûlera sous son front!
Et quand tu le verras sonder tout l'horizon,
Contempteur des vieux jougs, libre de toute crainte,
Tu viendras lui donner la Rédemption sainte!
— Splendide, radieuse, au sein des grandes mers
Tu surgiras, jetant sur le vaste Univers
L'Amour infini dans un infini sourire!
Le Monde vibrera comme une immense lyre
Dans le frémissement d'un immense baiser [1]!

— Le Monde a soif d'amour : tu viendras l'apaiser.

. . . .

Ô! L'Homme a relevé sa tête libre et fière!
Et le rayon soudain de la beauté première
Fait palpiter le dieu dans l'autel de la chair!
Heureux du bien présent, pâle du mal souffert,
L'Homme veut tout sonder, — et savoir! La Pensée,
La cavale longtemps, si longtemps oppressée
S'élance de son front! Elle saura Pourquoi!...
Qu'elle bondisse libre, et l'Homme aura la Foi!
— Pourquoi l'azur muet et l'espace insondable?
Pourquoi les astres d'or fourmillant comme un sable?
Si l'on montait toujours, que verrait-on là-haut?
Un Pasteur mène-t-il cet immense troupeau
De mondes cheminant dans l'horreur de l'espace?
Et tous ces mondes-là, que l'éther vaste embrasse,
Vibrent-ils aux accents d'une éternelle voix?
— Et l'Homme, peut-il voir? peut-il dire : Je crois?
La voix de la pensée est-elle plus qu'un rêve?
Si l'homme naît si tôt, si la vie est si brève,

D'où vient-il? Sombre-t-il dans l'Océan profond
Des Germes, des Fœtus, des Embryons, au fond
De l'immense Creuset d'où la Mère-Nature
Le ressuscitera, vivante créature,
Pour aimer dans la rose, et croître dans les blés?...

Nous ne pouvons savoir! — Nous sommes accablés
D'un manteau d'ignorance et d'étroites chimères!
Singes d'hommes tombés de la vulve des mères,
Notre pâle raison nous cache l'infini!
Nous voulons regarder : — le Doute nous punit!
Le doute, morne oiseau, nous frappe de son aile...
— Et l'horizon s'enfuit d'une fuite éternelle!...

. . . .

Le grand ciel est ouvert! les mystères sont morts
Devant l'Homme, debout, qui croise ses bras forts
Dans l'immense splendeur de la riche nature!
Il chante... et le bois chante, et le fleuve murmure
Un chant plein de bonheur qui monte vers le jour!...
— C'est la Rédemption! c'est l'amour! c'est l'amour[1]!...

. . . .

IV

Ô splendeur de la chair! ô splendeur idéale!
Ô renouveau d'amour, aurore triomphale
Où, courbant à leurs pieds les Dieux et les Héros,
Kallipige la blanche et le petit Éros
Effleureront, couverts de la neige des roses,
Les femmes et les fleurs sous leurs beaux pieds écloses!
Ô grande Ariadné, qui jettes tes sanglots
Sur la rive, en voyant fuir là-bas sur les flots,
Blanche sous le soleil, la voile de Thésée,
Ô douce vierge enfant qu'une nuit a brisée,

Tais-toi! Sur son char d'or brodé de noirs raisins,
Lysios [1], promené dans les champs Phrygiens
Par les tigres lascifs et les panthères rousses,
Le long des fleuves bleus rougit les sombres mousses.
Zeus, Taureau, sur son cou berce comme une enfant
Le corps nu d'Europé, qui jette son bras blanc
Au cou nerveux du Dieu frissonnant dans la vague,
Il tourne lentement vers elle son œil vague;
Elle, laisse traîner sa pâle joue en fleur
Au front de Zeus; ses yeux sont fermés; elle meurt
Dans un divin baiser, et le flot qui murmure
De son écume d'or fleurit sa chevelure.
— Entre le laurier-rose et le lotus jaseur
Glisse amoureusement le grand Cygne rêveur
Embrassant la Léda des blancheurs de son aile;
— Et tandis que Cypris passe, étrangement belle,
Et, cambrant les rondeurs splendides de ses reins,
Étale fièrement l'or de ses larges seins
Et son ventre neigeux brodé de mousse noire,
— Héraclès, le Dompteur, qui, comme d'une gloire,
Fort, ceint son vaste corps de la peau du lion,
S'avance, front terrible et doux, à l'horizon!

Par la lune d'été vaguement éclairée,
Debout, nue, et rêvant dans sa pâleur dorée
Que tache le flot lourd de ses longs cheveux bleus,
Dans la clairière sombre où la mousse s'étoile,
La Dryade regarde au ciel silencieux...
— La blanche Séléné laisse flotter son voile,
Craintive, sur les pieds du bel Endymion,
Et lui jette un baiser dans un pâle rayon...
— La Source pleure au loin dans une longue extase...
C'est la Nymphe qui rêve, un coude sur son vase,
Au beau jeune homme blanc que son onde a pressé.
— Une brise d'amour dans la nuit a passé,

Et, dans les bois sacrés, dans l'horreur des grands arbres,
Majestueusement debout, les sombres Marbres,
Les Dieux, au front desquels le Bouvreuil fait son nid,
— Les Dieux écoutent l'Homme et le Monde infini!

Mai [18]70.

OPHÉLIE[1]

I

Sur l'onde calme et noire où dorment les étoiles
La blanche Ophélia flotte comme un grand lys,
Flotte très lentement, couchée en ses longs voiles...
— On entend dans les bois lointains des hallalis.

Voici plus de mille ans que la triste Ophélie
Passe, fantôme blanc, sur le long fleuve noir;
Voici plus de mille ans que sa douce folie
Murmure sa romance à la brise du soir.

Le vent baise ses seins et déploie en corolle
Ses grands voiles bercés mollement par les eaux;
Les saules frissonnants pleurent sur son épaule,
Sur son grand front rêveur s'inclinent les roseaux.

Les nénuphars froissés soupirent autour d'elle;
Elle éveille parfois, dans un aune qui dort,
Quelque nid, d'où s'échappe un petit frisson d'aile :
— Un chant mystérieux tombe des astres d'or.

II

Ô pâle Ophélia! belle comme la neige!
Oui tu mourus, enfant, par un fleuve emporté!
— C'est que les vents tombant des grands monts de
T'avaient parlé tout bas de l'âpre liberté;   [Norwège

C'est qu'un souffle, tordant ta grande chevelure,
À ton esprit rêveur portait d'étranges bruits;
Que ton cœur écoutait le chant de la Nature
Dans les plaintes de l'arbre et les soupirs des nuits;

C'est que la voix des mers folles, immense râle,
Brisait ton sein d'enfant, trop humain et trop doux;
C'est qu'un matin d'avril, un beau cavalier pâle,
Un pauvre fou, s'assit muet à tes genoux!

Ciel! Amour! Liberté! Quel rêve, ô pauvre Folle!
Tu te fondais à lui comme une neige au feu :
Tes grandes visions étranglaient ta parole
— Et l'Infini terrible effara ton œil bleu!

III

— Et le Poète dit qu'aux rayons des étoiles
Tu viens chercher, la nuit, les fleurs que tu cueillis,
Et qu'il a vu sur l'eau, couchée en ses longs voiles,
La blanche Ophélia flotter, comme un grand lys.

BAL DES PENDUS[1]

Au gibet noir, manchot aimable,
Dansent, dansent les paladins,
Les maigres paladins du diable,
Les squelettes de Saladins.

Messire Belzébuth tire par la cravate
Ses petits pantins noirs grimaçant sur le ciel,
Et, leur claquant au front un revers de savate,
Les fait danser, danser aux sons d'un vieux Noël!

Et les pantins choqués enlacent leurs bras grêles :
Comme des orgues noirs, les poitrines à jour
Que serraient autrefois les gentes damoiselles,
Se heurtent longuement dans un hideux amour.

Hurrah! Les gais danseurs, qui n'avez plus de panse!
On peut cabrioler, les tréteaux sont si longs!
Hop! qu'on ne sache plus si c'est bataille ou danse!
Belzébuth enragé racle ses violons!

Ô durs talons, jamais on n'use sa sandale!
Presque tous ont quitté la chemise de peau :
Le reste est peu gênant et se voit sans scandale.
Sur les crânes, la neige applique un blanc chapeau :

Le corbeau fait panache à ces têtes fêlées,
Un morceau de chair tremble à leur maigre menton :
On dirait, tournoyant dans les sombres mêlées,
Des preux, raides, heurtant armures de carton.

Hurrah! La bise siffle au grand bal des squelettes!
Le gibet noir mugit comme un orgue de fer!
Les loups vont répondant des forêts violettes :
À l'horizon, le ciel est d'un rouge d'enfer...

Holà, secouez-moi ces capitans funèbres
Qui défilent, sournois, de leurs gros doigts cassés
Un chapelet d'amour sur leurs pâles vertèbres :
Ce n'est pas un moustier ici, les trépassés!

Oh! voilà qu'au milieu de la danse macabre
Bondit dans le ciel rouge un grand squelette fou
Emporté par l'élan, comme un cheval se cabre :
Et, se sentant encor la corde raide au cou,

Crispe ses petits doigts sur son fémur qui craque
Avec des cris pareils à des ricanements,
Et, comme un baladin rentre dans la baraque,
Rebondit dans le bal au chant des ossements.

> Au gibet noir, manchot aimable,
> Dansent, dansent les paladins,
> Les maigres paladins du diable,
> Les squelettes de Saladins.

LE CHÂTIMENT DE TARTUFE[1]

Tisonnant, tisonnant son cœur amoureux sous
Sa chaste robe noire, heureux, la main gantée,
Un jour qu'il s'en allait, effroyablement doux,
Jaune, bavant la foi de sa bouche édentée,

Un jour qu'il s'en allait, « Oremus, » — un Méchant
Le prit rudement par son oreille benoîte
Et lui jeta des mots affreux, en arrachant
Sa chaste robe noire autour de sa peau moite!

Châtiment!... Ses habits étaient déboutonnés,
Et le long chapelet des péchés pardonnés
S'égrenant dans son cœur, Saint Tartufe était pâle!...

Donc, il se confessait, priait, avec un râle!
L'homme se contenta d'emporter ses rabats...
— Peuh! Tartufe était nu du haut jusques en bas!

LE FORGERON[1]

Palais des Tuileries, vers le 10 août [17]92[2].

Le bras sur un marteau gigantesque, effrayant
D'ivresse et de grandeur, le front vaste, riant
Comme un clairon d'airain, avec toute sa bouche,
Et prenant ce gros-là dans son regard farouche,
Le Forgeron parlait à Louis Seize, un jour
Que le Peuple était là, se tordant tout autour,
Et sur les lambris d'or traînant sa veste sale.
Or le bon roi, debout sur son ventre, était pâle,
Pâle comme un vaincu qu'on prend pour le gibet,
Et, soumis comme un chien, jamais ne regimbait,
Car ce maraud de forge aux énormes épaules
Lui disait de vieux mots et des choses si drôles,
Que cela l'empoignait au front, comme cela[3]!

« Or, tu sais bien, Monsieur, nous chantions tra la la
Et nous piquions les bœufs vers les sillons des autres :
Le Chanoine au soleil filait des patenôtres
Sur des chapelets clairs grenés de pièces d'or.
Le Seigneur, à cheval, passait, sonnant du cor,
Et l'un avec la hart, l'autre avec la cravache
Nous fouaillaient. — Hébétés comme des yeux de vache,
Nos yeux ne pleuraient plus; nous allions, nous allions,
Et quand nous avions mis le pays en sillons,
Quand nous avions laissé dans cette terre noire
Un peu de notre chair... nous avions un pourboire :
On nous faisait flamber nos taudis dans la nuit;
Nos petits y faisaient un gâteau fort bien cuit.

... « Oh! je ne me plains pas. Je te dis mes bêtises,
C'est entre nous. J'admets que tu me contredises.
Or, n'est-ce pas joyeux de voir, au mois de juin
Dans les granges entrer des voitures de foin
Énormes? De sentir l'odeur de ce qui pousse,
Des vergers quand il pleut un peu, de l'herbe rousse?
De voir des blés, des blés, des épis pleins de grain,
De penser que cela prépare bien du pain?...
Oh! plus fort, on irait, au fourneau qui s'allume,
Chanter joyeusement en martelant l'enclume,
Si l'on était certain de pouvoir prendre un peu,
Étant homme, à la fin! de ce que donne Dieu!
— Mais voilà, c'est toujours la même vieille histoire!

« Mais je sais, maintenant! Moi, je ne peux plus croire,
Quand j'ai deux bonnes mains, mon front et mon
                                        [marteau,
Qu'un homme vienne là, dague sur le manteau,
Et me dise : Mon gars, ensemence ma terre;
Que l'on arrive encor, quand ce serait la guerre,
Me prendre mon garçon comme cela, chez moi!
— Moi, je serais un homme, et toi, tu serais roi,

Tu me dirais : Je veux!... — Tu vois bien, c'est stupide
Tu crois que j'aime voir ta baraque splendide,
Tes officiers dorés, tes mille chenapans,
Tes palsembleu bâtards tournant comme des paons :
Ils ont rempli ton nid de l'odeur de nos filles
Et de petits billets pour nous mettre aux Bastilles,
Et nous dirons : C'est bien : les pauvres à genoux!
Nous dorerons ton Louvre en donnant nos gros sous!
Et tu te soûleras, tu feras belle fête.
— Et ces Messieurs riront, les reins sur notre tête!

« Non. Ces saletés-là datent de nos papas!
Oh! Le Peuple n'est plus une putain. Trois pas
Et, tous, nous avons mis ta Bastille en poussière.
Cette bête suait du sang à chaque pierre
Et c'était dégoûtant, la Bastille debout
Avec ses murs lépreux qui nous racontaient tout
Et, toujours, nous tenaient enfermés dans leur ombre!
— Citoyen! citoyen! c'était le passé sombre
Qui croulait, qui râlait, quand nous prîmes la tour!
Nous avions quelque chose au cœur comme l'amour.
Nous avions embrassé nos fils sur nos poitrines.
Et, comme des chevaux, en soufflant des narines
Nous allions, fiers et forts, et ça nous battait là...
Nous marchions au soleil, front haut, — comme cela, —
Dans Paris! On venait devant nos vestes sales.
Enfin! Nous nous sentions Hommes! Nous étions pâles,
Sire, nous étions soûls de terribles espoirs :
Et quand nous fûmes là, devant les donjons noirs,
Agitant nos clairons et nos feuilles de chêne,
Les piques à la main; nous n'eûmes pas de haine,
— Nous nous sentions si forts, nous voulions être doux!

. . . .
. . . .

« Et depuis ce jour-là, nous sommes comme fous!
Le tas des ouvriers a monté dans la rue,
Et ces maudits s'en vont, foule toujours accrue
De sombres revenants, aux portes des richards.
Moi, je cours avec eux assommer les mouchards :
Et je vais dans Paris, noir, marteau sur l'épaule,
Farouche, à chaque coin balayant quelque drôle,
Et, si tu me riais au nez, je te tuerais!
— Puis, tu peux y compter, tu te feras des frais
Avec tes hommes noirs, qui prennent nos requêtes
Pour se les renvoyer comme sur des raquettes
Et, tout bas, les malins! se disent : « Qu'ils sont sots! »
Pour mitonner des lois, coller de petits pots
Pleins de jolis décrets roses et de droguailles,
S'amuser à couper proprement quelques tailles,
Puis se boucher le nez quand nous marchons près d'eux,
— Nos doux représentants qui nous trouvent cras-
                                              [seux! —
Pour ne rien redouter, rien, que les baïonnettes...,
C'est très bien. Foin de leur tabatière à sornettes!
Nous en avons assez, là, de ces cerveaux plats
Et de ces ventres-dieux. Ah! ce sont là les plats
Que tu nous sers, bourgeois, quand nous sommes féroces,
Quand nous brisons déjà les sceptres et les crosses!... »

. . . .

Il le prend par le bras, arrache le velours
Des rideaux, et lui montre en bas les larges cours
Où fourmille, où fourmille, où se lève la foule,
La foule épouvantable avec des bruits de houle,
Hurlant comme une chienne, hurlant comme une mer,
Avec ses bâtons forts et ses piques de fer,
Ses tambours, ses grands cris de halles et de bouges,
Tas sombre de haillons saignant de bonnets rouges :

L'Homme, par la fenêtre ouverte, montre tout
Au roi pâle et suant qui chancelle debout,
Malade à regarder cela !
     « C'est la Crapule,
Sire. Ça bave aux murs, ça monte, ça pullule :
— Puisqu'ils ne mangent pas, Sire, ce sont des gueux !
Je suis un forgeron : ma femme est avec eux,
Folle ! Elle croit trouver du pain aux Tuileries !
— On ne veut pas de nous dans les boulangeries.
J'ai trois petits. Je suis crapule. — Je connais
Des vieilles qui s'en vont pleurant sous leurs bonnets
Parce qu'on leur a pris leur garçon ou leur fille :
C'est la crapule. — Un homme était à la bastille,
Un autre était forçat : et tous deux, citoyens
Honnêtes. Libérés, ils sont comme des chiens :
On les insulte ! Alors, ils ont là quelque chose
Qui leur fait mal, allez ! C'est terrible, et c'est cause
Que se sentant brisés, que, se sentant damnés,
Ils sont là, maintenant, hurlant sous votre nez !
Crapule. — Là-dedans sont des filles, infâmes
Parce que, — vous saviez que c'est faible, les femmes, —
Messeigneurs de la cour, — que ça veut toujours
           [bien, —
Vous [leur] avez craché sur l'âme, comme rien !
Vos belles, aujourd'hui, sont là. C'est la crapule.

. . . .

« Oh ! tous les Malheureux, tous ceux dont le dos brûle
Sous le soleil féroce, et qui vont, et qui vont,
Qui dans ce travail-là sentent crever leur front..!
Chapeau bas, mes bourgeois ! Oh ! ceux-là, sont les
           [Hommes !
Nous sommes Ouvriers, Sire ! Ouvriers ! Nous sommes
Pour les grands temps nouveaux où l'on voudra savoir,
Où l'Homme forgera du matin jusqu'au soir,

Chasseur des grands effets, chasseur des grandes causes,
Où, lentement vainqueur, il domptera les choses
Et montera sur Tout, comme sur un cheval!
Oh! splendides lueurs des forges! Plus de mal,
Plus! — Ce qu'on ne sait pas, c'est peut-être terrible :
Nous saurons! — Nos marteaux en main, passons au
                                    [crible
Tout ce que nous savons : puis, Frères, en avant!
Nous faisons quelquefois ce grand rêve émouvant
De vivre simplement, ardemment, sans rien dire
De mauvais, travaillant sous l'auguste sourire
D'une femme qu'on aime avec un noble amour [1] :
Et l'on travaillerait fièrement tout le jour,
Écoutant le devoir comme un clairon qui sonne :
Et l'on se sentirait très heureux; et personne,
Oh! personne, surtout, ne vous ferait ployer!
On aurait un fusil au-dessus du foyer...

. . . .

« Oh! mais l'air est tout plein d'une odeur de bataille!
Que te disais-je donc? Je suis de la canaille!
Il reste des mouchards et des accapareurs.
Nous sommes libres, nous! Nous avons des terreurs
Où nous nous sentons grands, oh! si grands! Tout à
Je parlais de devoir calme, d'une demeure...   [l'heure
Regarde donc le ciel! — C'est trop petit pour nous,
Nous crèverions de chaud, nous serions à genoux!
Regarde donc le ciel! — Je rentre dans la foule,
Dans la grande canaille effroyable, qui roule,
Sire, tes vieux canons sur les sales pavés :
— Oh! quand nous serons morts, nous les aurons lavés
— Et si, devant nos cris, devant notre vengeance,
Les pattes des vieux rois mordorés, sur la France

Poussent leurs régiments en habits de gala,
Eh bien, n'est-ce pas, vous tous? — Merde à ces chiens-
[là! »

. . . .

— Il reprit son marteau sur l'épaule.
                                          La foule
Près de cet homme-là se sentait l'âme soûle,
Et, dans la grande cour, dans les appartements,
Où Paris haletait avec des hurlements,
Un frisson secoua l'immense populace.
Alors, de sa main large et superbe de crasse,
Bien que le roi ventru suât, le Forgeron,
Terrible, lui jeta le bonnet rouge au front!

À LA MUSIQUE[1]

                       Place de la gare, à Charleville.

Sur la place taillée en mesquines pelouses,
Square où tout est correct, les arbres et les fleurs,
Tous les bourgeois poussifs qu'étranglent les chaleurs
Portent, les jeudis soirs, leurs bêtises jalouses.

— L'orchestre militaire, au milieu du jardin,
Balance ses schakos dans la *Valse des fifres*[2] :
— Autour, aux premiers rangs, parade le gandin;
Le notaire pend à ses breloques à chiffres[3] :

Des rentiers à lorgnons soulignent tous les couacs :
Les gros bureaux [1] bouffis traînent leurs grosses dames
Auprès desquelles vont, officieux cornacs,
Celles dont les volants ont des airs de réclames;

Sur les bancs verts, des clubs d'épiciers retraités
Qui tisonnent le sable avec leur canne à pomme,
Fort sérieusement discutent les traités,
Puis prisent en argent, et reprennent : « En somme!... »

Épatant sur son banc les rondeurs de ses reins,
Un bourgeois à boutons clairs, bedaine flamande,
Savoure son onnaing d'où le tabac par brins
Déborde — vous savez, c'est de la contrebande; —

Le long des gazons verts ricanent les voyous;
Et, rendus amoureux par le chant des trombones,
Très naïfs, et fumant des roses, les pioupious
Caressent les bébés pour enjôler les bonnes...

— Moi, je suis, débraillé comme un étudiant
Sous les marronniers verts les alertes fillettes :
Elles le savent bien, et tournent en riant,
Vers moi, leurs yeux tout pleins de choses indiscrètes.

Je ne dis pas un mot : je regarde toujours
La chair de leurs cous blancs brodés de mèches folles :
Je suis, sous le corsage et les frêles atours,
Le dos divin après la courbe des épaules.

J'ai bientôt déniché la bottine, le bas...
— Je reconstruis les corps, brûlé de belles fièvres.
Elles me trouvent drôle et se parlent tout bas...
— Et je sens les baisers qui me viennent aux lèvres...

☆

*« ... Français de soixante
dix, bonapartistes, répu-
blicains, souvenez-vous de
vos pères en 92, etc. »*

. . . .
Paul de Cassagnac
Le Pays.

Morts de Quatre-vingt-douze et de Quatre-vingt-treize [1],
Qui, pâles du baiser fort de la liberté,
Calmes, sous vos sabots, brisiez le joug qui pèse
Sur l'âme et sur le front de toute humanité;

Hommes extasiés et grands dans la tourmente,
Vous dont les cœurs sautaient d'amour sous les haillons,
Ô Soldats que la Mort a semés, noble Amante,
Pour les régénérer, dans tous les vieux sillons;

Vous dont le sang lavait toute grandeur salie,
Morts de Valmy, Morts de Fleurus, Morts d'Italie,
Ô million de Christs aux yeux sombres et doux;

Nous vous laissions dormir avec la République,
Nous, courbés sous les rois comme sous une trique :
— Messieurs de Cassagnac nous reparlent de vous!

Fait à Mazas, 3 septembre 1870 [2].

VÉNUS ANADYOMÈNE [3]

Comme d'un cercueil vert en fer blanc, une tête
De femme à cheveux bruns fortement pommadés
D'une vieille baignoire émerge, lente et bête,
Avec des déficits assez mal ravaudés;

Puis le col gras et gris, les larges omoplates
Qui saillent; le dos court qui rentre et qui ressort;
Puis les rondeurs des reins semblent prendre l'essor;
La graisse sous la peau paraît en feuilles plates;

L'échine est un peu rouge, et le tout sent un goût
Horrible étrangement; on remarque surtout
Des singularités qu'il faut voir à la loupe...

Les reins portent deux mots gravés : CLARA VENUS;
— Et tout ce corps remue et tend sa large croupe
Belle hideusement d'un ulcère à l'anus.

PREMIÈRE SOIRÉE [1]

— Elle était fort déshabillée
Et de grands arbres indiscrets
Aux vitres jetaient leur feuillée
Malinement, tout près, tout près.

Assise sur ma grande chaise,
Mi-nue, elle joignait les mains.
Sur le plancher frissonnaient d'aise
Ses petits pieds si fins, si fins.

— Je regardai, couleur de cire,
Un petit rayon buissonnier
Papillonner dans son sourire
Et sur son sein, — mouche au rosier.

— Je baisai ses fines chevilles.
Elle eut un doux rire brutal
Qui s'égrenait en claires trilles,
Un joli rire de cristal.

Les petits pieds sous la chemise
Se sauvèrent : « Veux-tu finir! »
— La première audace permise,
Le rire feignait de punir!

— Pauvrets palpitants sous ma lèvre,
Je baisai doucement ses yeux :
— Elle jeta sa tête mièvre
En arrière : « Oh! c'est encor mieux!...

Monsieur, j'ai deux mots à te dire... »
— Je lui jetai le reste au sein
Dans un baiser, qui la fit rire
D'un bon rire qui voulait bien...

— Elle était fort déshabillée
Et de grands arbres indiscrets
Aux vitres jetaient leur feuillée
Malinement, tout près, tout près.

LES REPARTIES DE NINA[1]

. . . .

LUI. — Ta poitrine sur ma poitrine,
      Hein? nous irions,
Ayant de l'air plein la narine,
      Aux frais rayons

Du bon matin bleu, qui vous baigne
       Du vin de jour?...
Quand tout le bois frissonnant saigne
       Muet d'amour

De chaque branche, gouttes vertes,
       Des bourgeons clairs,
On sent dans les choses ouvertes
       Frémir des chairs :

Tu plongerais dans la luzerne
       Ton blanc peignoir,
Rosant à l'air ce bleu qui cerne
       Ton grand œil noir,

Amoureuse de la campagne,
       Semant partout,
Comme une mousse de champagne,
       Ton rire fou :

Riant à moi, brutal d'ivresse,
       Qui te prendrais.
Comme cela, — la belle tresse,
       Oh! — qui boirais

Ton goût de framboise et de fraise,
       Ô chair de fleur!
Riant au vent vif qui te baise
       Comme un voleur,

Au rose églantier qui t'embête
       Aimablement :
Riant surtout, ô folle tête,
       À ton amant [1]!...

· ·

— Ta poitrine sur ma poitrine,
        Mêlant nos voix,
Lents, nous gagnerions la ravine,
        Puis les grands bois !...

Puis, comme une petite morte,
        Le cœur pâmé,
Tu me dirais que je te porte,
        L'œil mi-fermé...

Je te porterais, palpitante,
        Dans le sentier :
L'oiseau filerait son andante :
        Au Noisetier...

Je te parlerais dans ta bouche :
        J'irais, pressant
Ton corps, comme une enfant qu'on couche,
        Ivre du sang

Qui coule, bleu, sous ta peau blanche
        Aux tons rosés :
Et te parlant la langue franche...
        Tiens !... — que tu sais...

Nos grands bois sentiraient la sève
        Et le soleil
Sablerait d'or fin leur grand rêve
        Vert et vermeil.

. . . .

Le soir ?... Nous reprendrons la route
        Blanche qui court
Flânant, comme un troupeau qui broute,
        Tout à l'entour

Les bons vergers à l'herbe bleue
Aux pommiers tors !
Comme on les sent toute une lieue
Leurs parfums forts[1] !

Nous regagnerons le village
Au ciel mi-noir;
Et ça sentira le laitage
Dans l'air du soir;

Ça sentira l'étable, pleine
De fumiers chauds,
Pleine d'un lent rythme d'haleine,
Et de grands dos

Blanchissant sous quelque lumière;
Et, tout là-bas,
Une vache fientera, fière,
A chaque pas...

— Les lunettes de la grand-mère
Et son nez long
Dans son missel; le pot de bière
Cerclé de plomb,

Moussant entre les larges pipes
Qui, crânement,
Fument : les effroyables lippes
Qui, tout fumant,

Happent le jambon aux fourchettes
Tant, tant et plus :
Le feu qui claire les couchettes
Et les bahuts.

Les fesses luisantes et grasses
        D'un gros enfant
Qui fourre, à genoux, dans les tasses,
        Son museau blanc

Frôlé par un mufle qui gronde
        D'un ton gentil,
Et pourlèche la face ronde
        Du cher petit[1]...

Que de choses verrons-nous, chère,
        Dans ces taudis,
Quand la flamme illumine, claire,
        Les carreaux gris!...

— Puis, petite et toute nichée
        Dans les lilas
Noirs et frais : la vitre cachée,
        Qui rit là-bas...

Tu viendras, tu viendras, je t'aime!
        Ce sera beau.
Tu viendras, n'est-ce pas, et même...

ELLE. — *Et mon bureau*[2]*?*

LES EFFARÉS[3]

Noirs dans la neige et dans la brume,
Au grand soupirail qui s'allume,
        Leurs culs en rond,

À genoux, cinq petits, — misère! —
Regardent le boulanger faire
    Le lourd pain blond...

Ils voient le fort bras blanc qui tourne
La pâte grise, et qui l'enfourne
    Dans un trou clair.

Ils écoutent le bon pain cuire.
Le boulanger au gras sourire
    Chante un vieil air.

Ils sont blottis, pas un ne bouge,
Au souffle du soupirail rouge,
    Chaud comme un sein.

Et quand, pendant que minuit sonne,
Façonné, pétillant et jaune,
    On sort le pain,

Quand, sous les poutres enfumées,
Chantent les croûtes parfumées,
    Et les grillons,

Quand ce trou chaud souffle la vie
Ils ont leur âme si ravie
    Sous leurs haillons,

Ils se ressentent si bien vivre,
Les pauvres petits pleins de givre!
    — Qu'ils sont là, tous,

Collant leurs petits museaux roses
Au grillage, chantant des choses,
    Entre les trous,

Mais bien bas, — comme une prière...
Repliés vers cette lumière
    Du ciel rouvert,

— Si fort, qu'ils crèvent leur culotte,
— Et que leur lange blanc tremblote
    Au vent d'hiver...

              20 sept[embre 18]70.

ROMAN[1]

I

On n'est pas sérieux, quand on a dix-sept ans.
— Un beau soir, foin des bocks et de la limonade,
Des cafés tapageurs aux lustres éclatants!
— On va sous les tilleuls verts de la promenade.

Les tilleuls sentent bon dans les bons soirs de juin!
L'air est parfois si doux, qu'on ferme la paupière;
Le vent chargé de bruits, — la ville n'est pas loin, —
A des parfums de vigne et des parfums de bière...

II

— Voilà qu'on aperçoit un tout petit chiffon
D'azur sombre, encadré d'une petite branche,
Piqué d'une mauvaise étoile, qui se fond
Avec de doux frissons, petite et toute blanche. .

Nuit de juin! Dix-sept ans! — On se laisse griser.
La sève est du champagne et vous monte à la tête...
On divague; on se sent aux lèvres un baiser
Qui palpite là, comme une petite bête...

III

Le cœur fou Robinsonne à travers les romans,
— Lorsque, dans la clarté d'un pâle réverbère,
Passe une demoiselle aux petits airs charmants,
Sous l'ombre du faux col effrayant de son père...

Et, comme elle vous trouve immensément naïf,
Tout en faisant trotter ses petites bottines,
Elle se tourne, alerte et d'un mouvement vif...
— Sur vos lèvres alors meurent les cavatines...

IV

Vous êtes amoureux. Loué jusqu'au mois d'août.
Vous êtes amoureux. — Vos sonnets La font rire.
Tous vos amis s'en vont, vous êtes *mauvais goût.*
— Puis l'adorée, un soir, a daigné vous écrire...!

— Ce soir-là,... — vous rentrez aux cafés éclatants,
Vous demandez des bocks ou de la limonade...
— On n'est pas sérieux, quand on a dix-sept ans
Et qu'on a des tilleuls verts sur la promenade.

29 sept[embre 18]70.

LE MAL[1]

Tandis que les crachats rouges de la mitraille
Sifflent tout le jour par l'infini du ciel bleu;
Qu'écarlates ou verts[2], près du Roi qui les raille,
Croulent les bataillons en masse dans le feu;

Tandis qu'une folie épouvantable, broie
Et fait de cent milliers d'hommes un tas fumant;
— Pauvres morts! dans l'été, dans l'herbe, dans ta
[joie,
Nature! ô toi qui fis ces hommes saintement!... —

— Il est un Dieu, qui rit aux nappes damassées
Des autels, à l'encens, aux grands calices d'or;
Qui dans le bercement des hosannah s'endort,

Et se réveille, quand des mères, ramassées
Dans l'angoisse, et pleurant sous leur vieux bonnet
[noir
Lui donnent un gros sou lié dans leur mouchoir!

RAGES DE CÉSARS[3]

L'Homme pâle, le long des pelouses fleuries[4],
Chemine, en habit noir, et le cigare aux dents :
L'Homme pâle repense aux fleurs des Tuileries[5]
— Et parfois son œil terne a des regards ardents...

Car l'Empereur est soûl de ses vingt ans d'orgie!
Il s'était dit : « Je vais souffler la Liberté
Bien délicatement, ainsi qu'une bougie! »
La Liberté revit! Il se sent éreinté!

Il est pris. — Oh! quel nom sur ses lèvres muettes
Tressaille? Quel regret implacable le mord?
On ne le saura pas. L'Empereur a l'œil mort.

Il repense peut-être au Compère en lunettes... [1]
— Et regarde filer de son cigare en feu,
Comme aux soirs de Saint-Cloud, un fin nuage bleu.

À... Elle.

RÊVÉ POUR L'HIVER [2]

L'hiver, nous irons dans un petit wagon rose
              Avec des coussins bleus [3].
Nous serons bien. Un nid de baisers fous repose
              Dans chaque coin moelleux.

Tu fermeras l'œil, pour ne point voir, par la glace,
              Grimacer les ombres des soirs,
Ces monstruosités hargneuses, populace
              De démons noirs et de loups noirs.

Puis tu te sentiras la joue égratignée...
Un petit baiser, comme une folle araignée,
              Te courra par le cou...

Et tu me diras : « Cherche! » en inclinant la tête,
— Et nous prendrons du temps à trouver cette bête
              — Qui voyage beaucoup...

En Wagon, le 7 octobre [18]70.

LE DORMEUR DU VAL[1]

C'est un trou de verdure où chante une rivière
Accrochant follement aux herbes des haillons
D'argent; où le soleil, de la montagne fière,
Luit : c'est un petit val qui mousse de rayons.

Un soldat jeune, bouche ouverte, tête nue,
Et la nuque baignant dans le frais cresson bleu,
Dort; il est étendu dans l'herbe, sous la nue,
Pâle dans son lit vert où la lumière pleut.

Les pieds dans les glaïeuls[2], il dort. Souriant comme
Sourirait un enfant malade, il fait un somme :
Nature, berce-le chaudement : il a froid.

Les parfums ne font pas frissonner sa narine;
Il dort dans le soleil, la main sur sa poitrine
Tranquille. Il a deux trous rouges au côté droit.

Octobre 1870.

AU CABARET-VERT[3]
cinq heures du soir

Depuis huit jours, j'avais déchiré mes bottines
Aux cailloux des chemins. J'entrais à Charleroi.
— *Au Cabaret-Vert*[4] : je demandai des tartines
De beurre et du jambon qui fût à moitié froid.

Bienheureux, j'allongeai les jambes sous la table
Verte : je contemplai les sujets très naïfs
De la tapisserie. — Et ce fut adorable,
Quand la fille aux tétons énormes, aux yeux vifs,

— Celle-là, ce n'est pas un baiser qui l'épeure ! —
Rieuse, m'apporta des tartines de beurre,
Du jambon tiède, dans un plat colorié,

Du jambon rose et blanc parfumé d'une gousse
D'ail, — et m'emplit la chope immense, avec sa mousse
Que dorait un rayon de soleil arriéré.

Octobre [18]70.

LA MALINE [1]

Dans la salle à manger brune, que parfumait
Une odeur de vernis et de fruits, à mon aise
Je ramassais un plat de je ne sais quel met
Belge, et je m'épatais dans mon immense chaise.

En mangeant, j'écoutais l'horloge, — heureux et coi.
La cuisine s'ouvrit avec une bouffée,
— Et la servante vint, je ne sais pas pourquoi,
Fichu moitié défait, malinement coiffée

Et, tout en promenant son petit doigt tremblant
Sur sa joue, un velours de pêche rose et blanc,
En faisant, de sa lèvre enfantine, une moue,

Elle arrangeait les plats, près de moi, pour m'aiser;
— Puis, comme ça, — bien sûr, pour avoir un baiser, —
Tout bas : « Sens donc, j'ai pris *une* froid sur la joue... »

Charleroi, octobre [18]70.

L'ÉCLATANTE VICTOIRE DE SARREBRÜCK[1]
REMPORTÉE AUX CRIS DE VIVE L'EMPEREUR!

Gravure belge brillamment coloriée,
se vend à Charleroi, 35 centimes.

Au milieu, l'Empereur, dans une apothéose
Bleue et jaune, s'en va, raide, sur son dada
Flamboyant; très heureux, — car il voit tout en rose,
Féroce comme Zeus et doux comme un papa;

En bas, les bons Pioupious qui faisaient la sieste
Près des tambours dorés et des rouges canons,
Se lèvent gentiment. Pitou[2] remet sa veste,
Et, tourné vers le Chef, s'étourdit de grands noms!

À droite, Dumanet[3], appuyé sur la crosse
De son chassepot[4], sent frémir sa nuque en brosse,
Et : « Vive l'Empereur!! » — Son voisin reste coi...

Un schako surgit, comme un soleil noir... — Au centre,
Boquillon[5] rouge et bleu, très naïf, sur son ventre
Se dresse, et, — présentant ses derrières — « De
[quoi?... »

Octobre 70.

LE BUFFET [1]

C'est un large buffet sculpté; le chêne sombre,
Très vieux, a pris cet air si bon des vieilles gens;
Le buffet est ouvert, et verse dans son ombre
Comme un flot de vin vieux, des parfums engageants;

Tout plein, c'est un fouillis de vieilles vieilleries,
De linges odorants et jaunes, de chiffons
De femmes ou d'enfants, de dentelles flétries,
De fichus de grand'mère où sont peints des griffons;

— C'est là qu'on trouverait les médaillons, les mèches
De cheveux blancs ou blonds, les portraits, les fleurs
[sèches
Dont le parfum se mêle à des parfums de fruits.

— Ô buffet du vieux temps, tu sais bien des histoires,
Et tu voudrais conter tes contes, et tu bruis
Quand s'ouvrent lentement tes grandes portes noires.

Octobre 70.

MA BOHÈME [2]

(Fantaisie)

Je m'en allais, les poings dans mes poches crevées;
Mon paletot aussi devenait idéal [3];
J'allais sous le ciel, Muse! et j'étais ton féal;
Oh! là! là! que d'amours splendides j'ai rêvées!

Mon unique culotte avait un large trou.
— Petit-Poucet rêveur, j'égrenais dans ma course
Des rimes. Mon auberge était à la Grande-Ourse.
— Mes étoiles au ciel avaient un doux frou-frou

Et je les écoutais, assis au bord des routes,
Ces bons soirs de septembre où je sentais des gouttes
De rosée à mon front, comme un vin de vigueur;

Où, rimant au milieu des ombres fantastiques,
Comme des lyres, je tirais les élastiques
De mes souliers blessés, un pied près de mon cœur!

LES CORBEAUX[1]

Seigneur, quand froide est la prairie,
Quand dans les hameaux abattus,
Les longs angelus se sont tus...
Sur la nature défleurie
Faites s'abattre des grands cieux
Les chers corbeaux délicieux.

Armée étrange aux cris sévères,
Les vents froids attaquent vos nids!
Vous, le long des fleuves jaunis,
Sur les routes aux vieux calvaires,
Sur les fossés et sur les trous
Dispersez-vous, ralliez-vous!

Par milliers, sur les champs de France,
Où dorment des morts d'avant-hier,
Tournoyez, n'est-ce pas, l'hiver,
Pour que chaque passant repense!
Sois donc le crieur du devoir,
Ô notre funèbre oiseau noir!

Mais, saints du ciel, en haut du chêne,
Mât perdu dans le soir charmé,
Laissez les fauvettes de mai
Pour ceux qu'au fond du bois enchaîne,
Dans l'herbe d'où l'on ne peut fuir,
La défaite sans avenir.

LES ASSIS [1]

Noirs de loupes, grêlés, les yeux cerclés de bagues
Vertes, leurs doigts boulus crispés à leurs fémurs,
Le sinciput plaqué de hargnosités vagues
Comme les floraisons lépreuses des vieux murs;

Ils ont greffé dans des amours épileptiques
Leur fantasque ossature aux grands squelettes noirs
De leurs chaises; leurs pieds aux barreaux rachitiques
S'entrelacent pour les matins et pour les soirs!

Ces vieillards ont toujours fait tresse avec leurs sièges,
Sentant les soleils vifs percaliser leur peau,
Ou, les yeux à la vitre où se fanent les neiges,
Tremblant du tremblement douloureux du crapaud.

Et les Sièges leur ont des bontés : culottée
De brun, la paille cède aux angles de leurs reins;
L'âme des vieux soleils s'allume emmaillotée
Dans ces tresses d'épis où fermentaient les grains.

Et les Assis, genoux aux dents, verts pianistes,
Les dix doigts sous leur siège aux rumeurs de tambour,
S'écoutent clapoter des barcarolles tristes,
Et leurs caboches vont dans des roulis d'amour.

— Oh! ne les faites pas lever! C'est le naufrage...
Ils surgissent, grondant comme des chats giflés,
Ouvrant lentement leurs omoplates, ô rage!
Tout leur pantalon bouffe à leurs reins boursouflés.

Et vous les écoutez, cognant leurs têtes chauves
Aux murs sombres, plaquant et plaquant leurs pieds
[tors,
Et leurs boutons d'habit sont des prunelles fauves
Qui vous accrochent l'œil du fond des corridors!

Puis ils ont une main invisible qui tue :
Au retour, leur regard filtre ce venin noir
Qui charge l'œil souffrant de la chienne battue,
Et vous suez pris dans un atroce entonnoir.

Rassis, les poings noyés dans des manchettes sales,
Ils songent à ceux-là qui les ont fait lever
Et, de l'aurore au soir, des grappes d'amygdales
Sous leurs mentons chétifs s'agitent à crever.

Quand l'austère sommeil a baissé leurs visières,
Ils rêvent sur leur bras de sièges fécondés,
De vrais petits amours de chaises en lisière
Par lesquelles de fiers bureaux seront bordés;

Des fleurs d'encre crachant des pollens en virgule
Les bercent, le long des calices accroupis
Tels qu'au fil des glaïeuls le vol des libellules
— Et leur membre s'agace à des barbes d'épis.

TÊTE DE FAUNE[1]

Dans la feuillée, écrin vert taché d'or,
Dans la feuillée incertaine et fleurie
De fleurs splendides où le baiser dort,
Vif et crevant l'exquise broderie,

Un faune effaré montre ses deux yeux
Et mord les fleurs rouges de ses dents blanches
Brunie et sanglante ainsi qu'un vin vieux
Sa lèvre éclate en rires sous les branches.

Et quand il a fui — tel qu'un écureuil —
Son rire tremble encore à chaque feuille
Et l'on voit épeuré par un bouvreuil
Le Baiser d'or du Bois, qui se recueille.

LES DOUANIERS[2]

Ceux qui disent : Cré Nom, ceux qui disent macache,
Soldats, marins, débris d'Empire, retraités,
Sont nuls, très nuls, devant les Soldats des Traités[3]
Qui tailladent l'azur frontière à grands coups d'hache.

Pipe aux dents, lame en main, profonds, pas embêtés,
Quand l'ombre bave aux bois comme un mufle de
[vache,
Ils s'en vont, amenant leurs dogues à l'attache,
Exercer nuitamment leurs terribles gaîtés!

Ils signalent aux lois modernes les faunesses.
Ils empoignent les Fausts et les Diavolos [1].
« Pas de ça, les anciens! Déposez les ballots! »

Quand sa sérénité s'approche des jeunesses,
Le Douanier se tient aux appas contrôlés [2]!
Enfer aux Délinquants que sa paume a frôlés!

ORAISON DU SOIR [3]

Je vis assis, tel qu'un ange aux mains d'un barbier,
Empoignant une chope à fortes cannelures,
L'hypogastre et le col cambrés, une Gambier [4]
Aux dents, sous l'air gonflé d'impalpables voilures.

Tels que les excréments chauds d'un vieux colombier,
Mille Rêves en moi font de douces brûlures :
Puis par instants mon cœur triste est comme un aubier
Qu'ensanglante l'or jeune et sombre des coulures.

Puis, quand j'ai ravalé mes rêves avec soin,
Je me tourne, ayant bu trente ou quarante chopes,
Et me recueille, pour lâcher l'âcre besoin :

Doux comme le Seigneur du cèdre et des hysopes [5],
Je pisse vers les cieux bruns, très haut et très loin,
Avec l'assentiment des grands héliotropes [6].

CHANT DE GUERRE PARISIEN[1]

Le Printemps est évident, car
Du cœur des Propriétés vertes,
Le vol de Thiers et de Picard[2]
Tient ses splendeurs grandes ouvertes!

Ô Mai! quels délirants culs-nus!
Sèvres, Meudon, Bagneux, Asnières,
Écoutez donc les bienvenus
Semer les choses printanières!

Ils ont schako, sabre et tam-tam,
Non la vieille boîte à bougies
Et des yoles qui n'ont jam, jam[3]...
Fendent le lac aux eaux rougies!

Plus que jamais nous bambochons
Quand arrivent sur nos tanières
Crouler les jaunes cabochons[4]
Dans des aubes particulières!

Thiers et Picard sont des Éros[5],
Des enleveurs d'héliotropes,
Au pétrole ils font des Corots[6]
Voici hannetonner leurs tropes[7]...

Ils sont familiers du Grand Truc[8]!...
Et couché dans les glaïeuls, Favre
Fait son cillement aqueduc[9],
Et ses reniflements à poivre!

La grand'ville a le pavé chaud,
Malgré vos douches de pétrole,
Et décidément, il nous faut
Vous secouer dans votre rôle...

Et les Ruraux[1] qui se prélassent
Dans de longs accroupissements,
Entendront des rameaux qui cassent
Parmi les rouges froissements!

MES PETITES AMOUREUSES [2]

Un hydrolat lacrymal[3] lave
    Les cieux vert-chou :
Sous l'arbre tendronnier qui bave,
    Vos caoutchoucs

Blancs de lunes particulières
    Aux pialats ronds,
Entrechoquez vos genouillères
    Mes laiderons[4] !

Nous nous aimions à cette époque,
    Bleu laideron !
On mangeait des œufs à la coque
    Et du mouron !

Un soir, tu me sacras poète,
    Blond laideron :
Descends ici, que je te fouette
    En mon giron;

J'ai dégueulé ta bandoline [1],
    Noir laideron;
Tu couperais ma mandoline
    Au fil du front.

Pouah! mes salives desséchées,
    Roux laideron,
Infectent encor les tranchées
    De ton sein rond!

Ô mes petites amoureuses,
    Que je vous hais!
Plaquez de fouffes [2] douloureuses
    Vos tétons laids!

Piétinez mes vieilles terrines
    De sentiment;
— Hop donc! soyez-moi ballerines
    Pour un moment!...

Vos omoplates se déboîtent,
    Ô mes amours!
Une étoile à vos reins qui boitent,
    Tournez vos tours!

Et c'est pourtant pour ces éclanches
    Que j'ai rimé!
Je voudrais vous casser les hanches
    D'avoir aimé!

Fade amas d'étoiles ratées,
    Comblez les coins!
— Vous crèverez en Dieu, bâtées
    D'ignobles soins!

Sous les lunes particulières
Aux pialats ronds,
Entrechoquez vos genouillères,
Mes laiderons!

ACCROUPISSEMENTS[1]

Bien tard, quand il se sent l'estomac écœuré,
Le frère Milotus, un œil à la lucarne
D'où le soleil, clair comme un chaudron récuré,
Lui darde une migraine et fait son regard darne[2],
Déplace dans les draps son ventre de curé.

Il se démène sous sa couverture grise
Et descend, ses genoux à son ventre tremblant,
Effaré comme un vieux qui mangerait sa prise,
Car il lui faut, le poing à l'anse d'un pot blanc,
À ses reins largement retrousser sa chemise!

Or, il s'est accroupi, frileux, les doigts de pied
Repliés, grelottant au clair soleil qui plaque
Des jaunes de brioche aux vitres de papier;
Et le nez du bonhomme où s'allume la laque
Renifle aux rayons, tel qu'un charnel polypier.

. . . .

Le bonhomme mijote au feu, bras tordus, lippe
Au ventre : il sent glisser ses cuisses dans le feu,
Et ses chausses roussir, et s'éteindre sa pipe;
Quelque chose comme un oiseau remue un peu
À son ventre serein comme un monceau de tripe!

Autour, dort un fouillis de meubles abrutis
Dans des haillons de crasse et sur de sales ventres;
Des escabeaux, crapauds étranges, sont blottis
Aux coins noirs : des buffets ont des gueules de chantres
Qu'entrouvre un sommeil plein d'horribles appétits.

L'écœurante chaleur gorge la chambre étroite;
Le cerveau du bonhomme est bourré de chiffons.
Il écoute les poils pousser dans sa peau moite,
Et parfois, en hoquets fort gravement bouffons
S'échappe, secouant son escabeau qui boite...

. . . .

Et le soir, aux rayons de lune, qui lui font
Aux contours du cul des bavures de lumière,
Une ombre avec détails s'accroupit, sur un fond
De neige rose ainsi qu'une rose trémière...
Fantasque, un nez poursuit Vénus au ciel profond.

À M. P. Demeny.

LES POÈTES DE SEPT ANS[1]

Et la Mère, fermant le livre du devoir,
S'en allait satisfaite et très fière, sans voir,
Dans les yeux bleus et sous le front plein d'éminences,
L'âme de son enfant livrée aux répugnances.

Tout le jour il suait d'obéissance; très
Intelligent; pourtant des tics noirs, quelques traits
Semblaient prouver en lui d'âcres hypocrisies.
Dans l'ombre des couloirs aux tentures moisies,

En passant il tirait la langue, les deux poings
À l'aine, et dans ses yeux fermés voyait des points.
Une porte s'ouvrait sur le soir : à la lampe
On le voyait, là-haut, qui râlait sur la rampe,
Sous un golfe de jour pendant du toit. L'été
Surtout, vaincu, stupide, il était entêté
À se renfermer dans la fraîcheur des latrines :
Il pensait là, tranquille et livrant ses narines.

Quand, lavé des odeurs du jour, le jardinet
Derrière la maison, en hiver, s'illunait [1],
Gisant au pied d'un mur, enterré dans la marne
Et pour des visions écrasant son œil darne [2],
Il écoutait grouiller les galeux espaliers.
Pitié! Ces enfants seuls étaient ses familiers
Qui, chétifs, fronts nus, œil déteignant sur la joue,
Cachant de maigres doigts jaunes et noirs de boue
Sous des habits puant la foire et tout vieillots,
Conversaient avec la douceur des idiots!
Et si, l'ayant surpris à des pitiés immondes,
Sa mère s'effrayait; les tendresses, profondes,
De l'enfant se jetaient sur cet étonnement.
C'était bon. Elle avait le bleu regard, — qui ment!

À sept ans, il faisait des romans, sur la vie
Du grand désert, où luit la Liberté ravie,
Forêts, soleils, rives, savanes! — Il s'aidait
De journaux illustrés où, rouge, il regardait
Des Espagnoles rire et des Italiennes.
Quand venait, l'œil brun, folle, en robes d'indiennes,
— Huit ans, — la fille des ouvriers d'à côté,
La petite brutale, et qu'elle avait sauté,
Dans un coin, sur son dos, en secouant ses tresses,
Et qu'il était sous elle, il lui mordait les fesses,

Car elle ne portait jamais de pantalons;
— Et, par elle meurtri des poings et des talons,
Remportait les saveurs de sa peau dans sa chambre.

Il craignait les blafards dimanches de décembre,
Où, pommadé, sur un guéridon d'acajou,
Il lisait une Bible à la tranche vert-chou;
Des rêves l'oppressaient chaque nuit dans l'alcôve.
Il n'aimait pas Dieu; mais les hommes, qu'au soir fauve,
Noirs, en blouse, il voyait rentrer dans le faubourg
Où les crieurs, en trois roulements de tambour,
Font autour des édits rire et gronder les foules.
— Il rêvait la prairie amoureuse, où des houles
Lumineuses, parfums sains, pubescences d'or
Font leur remuement calme et prennent leur essor!

Et comme il savourait surtout les sombres choses,
Quand, dans la chambre nue aux persiennes closes,
Haute et bleue, âcrement prise d'humidité,
Il lisait son roman sans cesse médité,
Plein de lourds ciels ocreux et de forêts noyées,
De fleurs de chair aux bois sidérals déployées,
Vertige, écroulements, déroutes et pitié!
— Tandis que se faisait la rumeur du quartier,
En bas, — seul, et couché sur des pièces de toile
Écrue, et pressentant violemment la voile!

                              26 mai 1871.

L'ORGIE PARISIENNE
OU
PARIS SE REPEUPLE[1]

Ô lâches, la voilà ! Dégorgez dans les gares !
Le soleil essuya de ses poumons ardents
Les boulevards qu'un soir comblèrent les Barbares[2].
Voilà la Cité sainte, assise à l'occident !

Allez ! on préviendra les reflux d'incendie,
Voilà les quais, voilà les boulevards, voilà
Les maisons sur l'azur léger qui s'irradie
Et qu'un soir la rougeur des bombes étoila !

Cachez les palais morts dans des niches de planches !
L'ancien jour effaré rafraîchit vos regards.
Voici le troupeau roux des tordeuses de hanches :
Soyez fous, vous serez drôles, étant hagards !

Tas de chiennes en rut mangeant des cataplasmes,
Le cri des maisons d'or[3] vous réclame. Volez !
Mangez ! Voici la nuit de joie aux profonds spasmes
Qui descend dans la rue. Ô buveurs désolés,

Buvez ! Quand la lumière arrive intense et folle,
Fouillant à vos côtés les luxes ruisselants,
Vous n'allez pas baver, sans geste, sans parole,
Dans vos verres, les yeux perdus aux lointains blancs ?

Avalez, pour la Reine aux fesses cascadantes !
Écoutez l'action des stupides hoquets
Déchirants ! Écoutez sauter aux nuits ardentes
Les idiots râleux, vieillards, pantins, laquais !

Ô cœurs de saleté, bouches épouvantables,
Fonctionnez plus fort, bouches de puanteurs!
Un vin pour ces torpeurs ignobles, sur ces tables...
Vos ventres sont fondus de hontes, ô Vainqueurs!

Ouvrez votre narine aux superbes nausées!
Trempez de poisons forts les cordes de vos cous!
Sur vos nuques d'enfants baissant ses mains croisées
Le Poète vous dit : « Ô lâches, soyez fous!

Parce que vous fouillez le ventre de la Femme,
Vous craignez d'elle encore une convulsion
Qui crie, asphyxiant votre nichée infâme
Sur sa poitrine, en une horrible pression.

Syphilitiques, fous, rois, pantins, ventriloques,
Qu'est-ce que ça peut faire à la putain Paris,
Vos âmes et vos corps, vos poisons et vos loques?
Elle se secouera de vous, hargneux pourris!

Et quand vous serez bas, geignant sur vos entrailles,
Les flancs morts, réclamant votre argent, éperdus,
La rouge courtisane aux seins gros de batailles
Loin de votre stupeur tordra ses poings ardus!

Quand tes pieds ont dansé si fort dans les colères,
Paris! quand tu reçus tant de coups de couteau,
Quand tu gis, retenant dans tes prunelles claires
Un peu de la bonté du fauve renouveau,

Ô cité douloureuse, ô cité quasi morte,
La tête et les deux seins jetés vers l'Avenir
Ouvrant sur ta pâleur ses milliards de portes,
Cité que le Passé sombre pourrait bénir :

Corps remagnétisé pour les énormes peines,
Tu rebois donc la vie effroyable! tu sens
Sourdre le flux des vers livides en tes veines,
Et sur ton clair amour rôder les doigts glaçants!

Et ce n'est pas mauvais. Les vers, les vers livides
Ne gêneront pas plus ton souffle de Progrès
Que les Stryx [1] n'éteignaient l'œil des Cariatides
Où des pleurs d'or astral tombaient des bleus degrés. »

Quoique ce soit affreux de te revoir couverte
Ainsi; quoiqu'on n'ait fait jamais d'une cité
Ulcère plus puant à la Nature verte,
Le Poète te dit : « Splendide est ta Beauté! »

L'orage t'a sacrée suprême poésie;
L'immense remuement des forces te secourt;
Ton œuvre bout, la mort gronde, Cité choisie!
Amasse les strideurs au cœur du clairon sourd.

Le Poète prendra le sanglot des Infâmes,
La haine des Forçats, la clameur des Maudits;
Et ses rayons d'amour flagelleront les Femmes.
Ses strophes bondiront : Voilà! voilà! bandits!

— Société, tout est rétabli : — les orgies
Pleurent leur ancien râle aux anciens lupanars :
Et les gaz en délire, aux murailles rougies,
Flambent sinistrement vers les azurs blafards!

Mai 1871.

LE CŒUR DU PITRE[1]

Mon triste cœur bave à la poupe,
Mon cœur est plein de caporal :
Ils y lancent des jets de soupe,
Mon triste cœur bave à la poupe :
Sous les quolibets de la troupe
Qui pousse un rire général,
Mon triste cœur bave à la poupe,
Mon cœur est plein de caporal !

Ithyphalliques et pioupiesques
Leurs insultes l'ont dépravé !
À la vesprée ils font des fresques
Ithyphalliques et pioupiesques.
Ô flots abracadabrantesques,
Prenez mon cœur, qu'il soit sauvé :
Ithyphalliques et pioupiesques
Leurs insultes l'ont dépravé !

Quand ils auront tari leurs chiques,
Comment agir, ô cœur volé ?
Ce seront des refrains bachiques
Quand ils auront tari leurs chiques :
J'aurai des sursauts stomachiques
Si mon cœur triste est ravalé :
Quand ils auront tari leurs chiques,
Comment agir, ô cœur volé ?

Mai 1871.

LES PAUVRES À L'ÉGLISE[1]

Parqués entre des bancs de chêne, aux coins d'église
Qu'attiédit puamment leur souffle, tous leurs yeux
Vers le cœur ruisselant d'orrie[2] et la maîtrise
Aux vingt gueules gueulant les cantiques pieux;

Comme un parfum de pain humant l'odeur de cire,
Heureux, humiliés comme des chiens battus,
Les Pauvres au Bon Dieu, le patron et le sire,
Tendent leurs oremus risibles et têtus.

Aux femmes, c'est bien bon de faire des bancs lisses,
Après les six jours noirs où Dieu les fait souffrir!
Elles bercent, tordus dans d'étranges pelisses,
Des espèces d'enfants qui pleurent à mourir.

Leurs seins crasseux dehors, ces mangeuses de soupe,
Une prière aux yeux et ne priant jamais,
Regardent parader mauvaisement un groupe
De gamines avec leurs chapeaux déformés.

Dehors, le froid, la faim, l'homme en ribote[3] :
C'est bon. Encore une heure; après, les maux sans
                                                    [noms!
— Cependant, alentour, geint, nasille, chuchote
Une collection de vieilles à fanons :

Ces effarés y sont et ces épileptiques
Dont on se détournait hier aux carrefours;
Et, fringalant du nez dans des missels antiques,
Ces aveugles qu'un chien introduit dans les cours.

Et tous, bavant la foi mendiante et stupide,
Récitent la complainte infinie à Jésus
Qui rêve en haut, jauni par le vitrail livide,
Loin des maigres mauvais et des méchants pansus,

Loin de senteurs de viande et d'étoffes moisies,
Farce prostrée et sombre aux gestes repoussants;
— Et l'oraison fleurit d'expressions choisies,
Et les mysticités prennent des tons pressants,

Quand, des nefs où périt le soleil, plis de soie
Banals, sourires verts, les Dames des quartiers
Distingués, — ô Jésus! — les malades du foie
Font baiser leurs longs doigts jaunes aux bénitiers.

1871.

LES MAINS DE JEANNE-MARIE [1]

Jeanne-Marie a des mains fortes,
Mains sombres que l'été tanna,
Mains pâles comme des mains mortes.
— Sont-ce des mains de Juana [2]?

Ont-elles pris les crèmes brunes
Sur les mares des voluptés?
Ont-elles trempé dans les lunes
Aux étangs de sérénités?

Ont-elles bu des cieux barbares,
Calmes sur les genoux charmants?
Ont-elles roulé des cigares
Ou trafiqué des diamants?

Sur les pieds ardents des Madones
Ont-elles fané des fleurs d'or?
C'est le sang noir des belladones
Qui dans leur paume éclate et dort.

Mains chasseresses des diptères
Dont bombinent les bleuisons[1]
Aurorales, vers les nectaires?
Mains décanteuses de poisons?

Oh! quel Rêve les a saisies
Dans les pandiculations?
Un rêve inouï des Asies,
Des Khenghavars[2] ou des Sions?

— Ces mains n'ont pas vendu d'oranges,
Ni bruni sur les pieds des dieux :
Ces mains n'ont pas lavé les langes
Des lourds petits enfants sans yeux.

Ce ne sont pas mains de cousine
Ni d'ouvrières aux gros fronts
Que brûle, aux bois puant l'usine,
Un soleil ivre de goudrons.

Ce sont des ployeuses d'échines,
Des mains qui ne font jamais mal,
Plus fatales que des machines,
Plus fortes que tout un cheval!

Remuant comme des fournaises,
Et secouant tous ses frissons,
Leur chair chante des Marseillaises
Et jamais les Eleisons[3]!

Ça serrerait vos cous, ô femmes
Mauvaises, ça broierait vos mains,
Femmes nobles, vos mains infâmes
Pleines de blancs et de carmins.

L'éclat de ces mains amoureuses
Tourne le crâne des brebis!
Dans leurs phalanges savoureuses
Le grand soleil met un rubis!

Une tache de populace
Les brunit comme un sein d'hier;
Le dos de ces Mains est la place
Qu'en baisa tout Révolté fier!

Elles ont pâli, merveilleuses,
Au grand soleil d'amour chargé,
Sur le bronze des mitrailleuses
À travers Paris insurgé!

Ah! quelquefois, ô Mains sacrées,
À vos poings, Mains où tremblent nos
Lèvres jamais désenivrées,
Crie une chaîne aux clairs anneaux!

Et c'est un soubresaut étrange
Dans nos êtres, quand, quelquefois,
On veut vous déhâler, Mains d'ange,
En vous faisant saigner les doigts [1]!

LES SŒURS DE CHARITÉ[1]

Le jeune homme dont l'œil est brillant, la peau brune,
Le beau corps de vingt ans qui devrait aller nu,
Et qu'eût, le front cerclé de cuivre, sous la lune
Adoré, dans la Perse, un Génie inconnu,

Impétueux avec des douceurs virginales
Et noires, fier de ses premiers entêtements,
Pareil aux jeunes mers, pleurs de nuits estivales
Qui se retournent sur des lits de diamants;

Le jeune homme, devant les laideurs de ce monde
Tressaille dans son cœur largement irrité,
Et plein de la blessure éternelle et profonde,
Se prend à désirer sa sœur de charité.

Mais, ô Femme, monceau d'entrailles, pitié douce,
Tu n'es jamais la sœur de charité, jamais,
Ni regard noir, ni ventre où dort une ombre rousse,
Ni doigts légers, ni seins splendidement formés[2].

Aveugle irréveillée aux immenses prunelles,
Tout notre embrassement n'est qu'une question :
C'est toi qui pends à nous, porteuse de mamelles,
Nous te berçons, charmante et grave Passion.

Tes haines, tes torpeurs fixes, tes défaillances,
Et les brutalités souffertes autrefois,
Tu nous rends tout, ô Nuit pourtant sans malveillances,
Comme un excès de sang épanché tous les mois.

— Quand la femme, portée un instant, l'épouvante,
Amour, appel de vie et chanson d'action,
Viennent la Muse verte et la Justice ardente
Le déchirer de leur auguste obsession.

Ah! sans cesse altéré des splendeurs et des calmes,
Délaissé des deux Sœurs implacables, geignant
Avec tendresse après la science aux bras almes,
Il porte à la nature en fleur son front saignant.

Mais la noire alchimie et les saintes études
Répugnent au blessé, sombre savant d'orgueil;
Il sent marcher sur lui d'atroces solitudes.
Alors, et toujours beau, sans dégoût du cercueil,

Qu'il croie aux vastes fins, Rêves ou Promenades
Immenses, à travers les nuits de Vérité,
Et t'appelle en son âme et ses membres malades,
Ô Mort mystérieuse, ô sœur de charité.

Juin 1871.

VOYELLES[1]

A noir, E blanc, I rouge, U vert, O bleu : voyelles,
Je dirai quelque jour vos naissances latentes :
A, noir corset velu des mouches éclatantes
Qui bombinent autour des puanteurs cruelles,

Golfes d'ombre; E, candeurs des vapeurs et des tentes,
Lances des glaciers fiers, rois blancs, frissons d'ombelles;
I, pourpres, sang craché, rire des lèvres belles
Dans la colère ou les ivresses pénitentes;

U, cycles, vibrements divins des mers virides,
Paix des pâtis semés d'animaux, paix des rides
Que l'alchimie imprime aux grands fronts studieux;

O, suprême Clairon plein des strideurs étranges,
Silences traversés des Mondes et des Anges :
— O l'Oméga, rayon violet de Ses Yeux!

☆

L'étoile a pleuré rose au cœur de tes oreilles [1],
L'infini roulé blanc de ta nuque à tes reins
La mer a perlé rousse à tes mammes vermeilles
Et l'Homme saigné noir à ton flanc souverain.

☆

Le Juste restait droit sur ses hanches solides [2] :
Un rayon lui dorait l'épaule; des sueurs
Me prirent : « Tu veux voir rutiler les bolides?
Et, debout, écouter bourdonner les flueurs
D'astres lactés, et les essaims d'astéroïdes?

« Par des farces de nuit ton front est épié,
Ô Juste! Il faut gagner un toit. Dis ta prière,
La bouche dans ton drap doucement expié;
Et si quelque égaré choque ton ostiaire [3],
Dis : Frère, va plus loin, je suis estropié! »

Et le Juste restait debout, dans l'épouvante
Bleuâtre des gazons après le soleil mort :
« Alors, mettrais-tu tes genouillères en vente,
Ô Vieillard? Pèlerin sacré! Barde d'Armor!
Pleureur des Oliviers! Main que la pitié gante!

« Barbe de la famille et poing de la cité,
Croyant très doux : ô cœur tombé dans les calices,
Majestés et vertus, amour et cécité,
Juste! plus bête et plus dégoûtant que les lices [1].
Je suis celui qui souffre et qui s'est révolté!

« Et ça me fait pleurer sur mon ventre, ô stupide,
Et bien rire, l'espoir fameux de ton pardon!
Je suis maudit, tu sais! Je suis soûl, fou, livide,
Ce que tu veux! Mais va te coucher, voyons donc,
Juste! Je ne veux rien à ton cerveau torpide.

« C'est toi le Juste, enfin, le Juste! C'est assez!
C'est vrai que ta tendresse et ta raison sereines
Reniflent dans la nuit comme des cétacés!
Que tu te fais proscrire, et dégoises des thrènes [2]
Sur d'effroyables becs de canne fracassés!

« Et c'est toi l'œil de Dieu! le lâche! Quand les plantes
Froides des pieds divins passeraient sur mon cou,
Tu es lâche! Ô ton front qui fourmille de lentes!
Socrates et Jésus, Saints et Justes, dégoût!
Respectez le Maudit suprême aux nuits sanglantes! »

J'avais crié cela sur la terre, et la nuit
Calme et blanche occupait les cieux pendant ma fièvre.
Je relevai mon front : le fantôme avait fui,
Emportant l'ironie atroce de ma lèvre...
— Vents nocturnes, venez au Maudit! Parlez-lui!

Cependant que, silencieux sous les pilastres
D'azur, allongeant les comètes et les nœuds
D'univers, remuement énorme sans désastres,
L'ordre, éternel veilleur, rame aux cieux lumineux
Et de sa drague en feu laisse filer les astres!

Ah! qu'il s'en aille, lui, la gorge cravatée
De honte, ruminant toujours mon ennui, doux
Comme le sucre sur la denture gâtée.
— Tel que la chienne après l'assaut des fiers toutous,
Léchant son flanc d'où pend une entraille emportée.

Qu'il dise charités crasseuses et progrès...
— J'exècre tous ces yeux de chinois à bedaines,
Puis qui chante : nana, comme un tas d'enfants près
De mourir, idiots doux aux chansons soudaines :
Ô Justes, nous chierons dans vos ventres de grès!

À Monsieur Théodore de Banville

CE QU'ON DIT AU POÈTE
À PROPOS DE FLEURS[1]

I

Ainsi, toujours, vers l'azur noir
Où tremble la mer des topazes,
Fonctionneront dans ton soir
Les Lys, ces clystères d'extases!

À notre époque de sagous [1],
Quand les Plantes sont travailleuses,
Le Lys boira les bleus dégoûts
Dans tes Proses religieuses!

— Le lys de monsieur de Kerdrel [2],
Le Sonnet de mil huit cent trente,
Le Lys qu'on donne au Ménestrel
Avec l'œillet et l'amarante [3]!

Des lys! Des lys! On n'en voit pas!
Et dans ton Vers, tel que les manches
Des Pécheresses aux doux pas,
Toujours frissonnent ces fleurs blanches!

Toujours, Cher, quand tu prends un bain,
Ta chemise aux aisselles blondes
Se gonfle aux brises du matin
Sur les myosotis immondes!

L'amour ne passe à tes octrois
Que les Lilas, — ô balançoires!
Et les Violettes du Bois,
Crachats sucrés des Nymphes noires!...

II

Ô Poètes, quand vous auriez
Les Roses, les Roses soufflées,
Rouges sur tiges de lauriers,
Et de mille octaves enflées!

Quand BANVILLE en ferait neiger,
Sanguinolentes, tournoyantes,
Pochant l'œil fou de l'étranger
Aux lectures mal bienveillantes!

De vos forêts et de vos prés,
Ô très paisibles photographes!
La Flore est diverse à peu près
Comme des bouchons de carafes!

Toujours les végétaux Français,
Hargneux, phtisiques, ridicules,
Où le ventre des chiens bassets
Navigue en paix, aux crépuscules;

Toujours, après d'affreux dessins
De Lotos bleus ou d'Hélianthes,
Estampes roses, sujets saints
Pour de jeunes communiantes!

L'Ode Açoka[1] cadre avec la
Strophe en fenêtre de lorette[2];
Et de lourds papillons d'éclat
Fientent sur la Pâquerette.

Vieilles verdures, vieux galons!
Ô croquignoles végétales!
Fleurs fantasques des vieux Salons!
— Aux hannetons, pas aux crotales,

Ces poupards végétaux en pleurs
Que Grandville[3] eût mis aux lisières,
Et qu'allaitèrent de couleurs
De méchants astres à visières!

Oui, vos bavures de pipeaux
Font de précieuses glucoses!
— Tas d'œufs frits dans de vieux chapeaux,
Lys, Açokas, Lilas et Roses!...

III

Ô blanc Chasseur, qui cours sans bas
À travers le Pâtis panique,
Ne peux-tu pas, ne dois-tu pas
Connaître un peu ta botanique?

Tu ferais succéder, je crains,
Aux Grillons roux les Cantharides,
L'or des Rios au bleu des Rhins, —
Bref, aux Norwèges les Florides[1] :

Mais, Cher, l'Art n'est plus, maintenant,
— C'est la vérité, — de permettre
À l'Eucalyptus étonnant
Des constrictors d'un hexamètre;

Là!... Comme si les Acajous
Ne servaient, même en nos Guyanes,
Qu'aux cascades des sapajous,
Au lourd délire des lianes!

— En somme, une Fleur, Romarin
Ou Lys, vive ou morte, vaut-elle
Un excrément d'oiseau marin?
Vaut-elle un seul pleur de chandelle?

— Et j'ai dit ce que je voulais!
Toi, même assis là-bas, dans une
Cabane de bambous, — volets
Clos, tentures de perse brune, —

Tu torcherais des floraisons
Dignes d'Oises extravagantes!...
— Poète! ce sont des raisons
Non moins risibles qu'arrogantes!...

IV

Dis, non les pampas printaniers
Noirs d'épouvantables révoltes,
Mais les tabacs, les cotonniers!
Dis les exotiques récoltes!

Dis, front blanc que Phébus tanna,
De combien de dollars se rente
Pedro Velasquez, Habana;
Incague [1] la mer de Sorrente

Où vont les Cygnes par milliers;
Que tes strophes soient des réclames
Pous l'abatis des mangliers [2]
Fouillés des hydres et des lames!

Ton quatrain plonge aux bois sanglants
Et revient proposer aux Hommes
Divers sujets de sucres blancs,
De pectoraires et de gommes!

Sachons par Toi si les blondeurs
Des Pics neigeux, vers les Tropiques,
Sont ou des insectes pondeurs
Ou des lichens microscopiques!

Trouve, ô Chasseur, nous le voulons,
Quelques garances parfumées
Que la Nature en pantalons
Fasse éclore! — pour nos Armées!

Trouve, aux abords du Bois qui dort,
Les fleurs, pareilles à des mufles,
D'où bavent des pommades d'or
Sur les cheveux sombres des Buffles!

Trouve, aux prés fous, où sur le Bleu
Tremble l'argent des pubescences,
Des calices pleins d'Œufs de feu
Qui cuisent parmi les essences!

Trouve des Chardons cotonneux
Dont dix ânes aux yeux de braises
Travaillent à filer les nœuds!
Trouve des Fleurs qui soient des chaises!

Oui, trouve au cœur des noirs filons
Des fleurs presque pierres, — fameuses! —
Qui vers leurs durs ovaires blonds
Aient des amygdales gemmeuses!

Sers-nous, ô Farceur, tu le peux,
Sur un plat de vermeil splendide
Des ragoûts de Lys sirupeux
Mordant nos cuillers Alfénide[1]!

v

Quelqu'un dira le grand Amour,
Voleur des sombres Indulgences :
Mais ni Renan, ni le chat Murr[2]
N'ont vu les Bleus Thyrses immenses!

Toi, fais jouer dans nos torpeurs,
Par les parfums les hystéries;
Exalte-nous vers des candeurs
Plus candides que les Maries...

Commerçant! colon! médium!
Ta Rime sourdra, rose ou blanche,
Comme un rayon de sodium,
Comme un caoutchouc qui s'épanche!

De tes noirs Poèmes, — Jongleur!
Blancs, verts, et rouges dioptriques,
Que s'évadent d'étranges fleurs
Et des papillons électriques!

Voilà! c'est le Siècle d'enfer!
Et les poteaux télégraphiques
Vont orner, — lyre aux chants de fer,
Tes omoplates magnifiques!

Surtout, rime une version
Sur le mal des pommes de terre!
— Et, pour la composition
De Poèmes pleins de mystère
Qu'on doive lire de Tréguier
À Paramaribo, rachète
Des Tomes de Monsieur Figuier[1],
— Illustrés! — chez Monsieur Hachette!

Alcide Bava.
A. R.
14 juillet 1871.

LES PREMIÈRES COMMUNIONS[2]

I

Vraiment, c'est bête, ces églises des villages
Où quinze laids marmots encrassant les piliers
Écoutent, grasseyant les divins babillages,
Un noir grotesque dont fermentent les souliers :

Mais le soleil éveille, à travers des feuillages
Les vieilles couleurs des vitraux irréguliers.

La pierre sent toujours la terre maternelle.
Vous verrez des monceaux de ces cailloux terreux
Dans la campagne en rut qui frémit solennelle
Portant près des blés lourds, dans les sentiers ocreux,
Ces arbrisseaux brûlés où bleuit la prunelle,
Des nœuds de mûriers noirs et de rosiers fuireux [1].

Tous les cent ans on rend ces granges respectables
Par un badigeon d'eau bleue et de lait caillé :
Si des mysticités grotesques sont notables
Près de la Notre-Dame ou du Saint empaillé,
Des mouches sentant bon l'auberge et les étables
Se gorgent de cire au plancher ensoleillé.

L'enfant se doit surtout à la maison, famille
Des soins naïfs, des bons travaux abrutissants;
Ils sortent, oubliant que la peau leur fourmille
Où le Prêtre du Christ plaqua ses doigts puissants.
On paie au Prêtre un toit ombré d'une charmille
Pour qu'il laisse au soleil tous ces fronts brunissants.

Le premier habit noir, le plus beau jour de tartes,
Sous le Napoléon ou le Petit Tambour
Quelque enluminure où les Josephs et les Marthes
Tirent la langue avec un excessif amour
Et que joindront, au jour de science, deux cartes,
Ces seuls doux souvenirs lui restent du grand Jour.

Les filles vont toujours à l'église, contentes
De s'entendre appeler garces par les garçons
Qui font du genre après messe ou vêpres chantantes.
Eux qui sont destinés au chic des garnisons

Ils narguent au café les maisons importantes,
Blousés neuf, et gueulant d'effroyables chansons.

Cependant le Curé choisit pour les enfances
Des dessins ; dans son clos, les vêpres dites, quand
L'air s'emplit du lointain nasillement des danses,
Il se sent, en dépit des célestes défenses,
Les doigts de pied ravis et le mollet marquant ;
— La Nuit vient, noir pirate aux cieux d'or débarquant.

II

Le Prêtre a distingué parmi les catéchistes,
Congrégés des Faubourgs ou des Riches Quartiers,
Cette petite fille inconnue, aux yeux tristes,
Front jaune. Les parents semblent de doux portiers.
« Au grand Jour, le marquant parmi les Catéchistes,
Dieu fera sur ce front neiger ses bénitiers. »

III

La veille du grand Jour, l'enfant se fait malade.
Mieux qu'à l'Église haute aux funèbres rumeurs,
D'abord le frisson vient, — le lit n'étant pas fade —
Un frisson surhumain qui retourne : « Je meurs... »

Et, comme un vol d'amour fait à ses sœurs stupides,
Elle compte, abattue et les mains sur son cœur,
Les Anges, les Jésus et ses Vierges nitides [1]
Et, calmement, son âme a bu tout son vainqueur.

Adonaï !... — Dans les terminaisons latines,
Des cieux moirés de vert baignent les Fronts vermeils
Et tachés du sang pur des célestes poitrines,
De grands linges neigeux tombent sur les soleils !

— Pour ses virginités présentes et futures
Elle mord aux fraîcheurs de ta Rémission,
Mais plus que les lys d'eau, plus que les confitures,
Tes pardons sont glacés, ô Reine de Sion!

I V

Puis la Vierge n'est plus que la vierge du livre.
Les mystiques élans se cassent quelquefois...
Et vient la pauvreté des images, que cuivre
L'ennui, l'enluminure atroce et les vieux bois;

Des curiosités vaguement impudiques
Épouvantent le rêve aux chastes bleuités
Qui s'est surpris autour des célestes tuniques,
Du linge dont Jésus voile ses nudités.

Elle veut, elle veut, pourtant, l'âme en détresse,
Le front dans l'oreiller creusé par les cris sourds,
Prolonger les éclairs suprêmes de tendresse,
Et bave... — L'ombre emplit les maisons et les cours.

Et l'enfant ne peut plus. Elle s'agite, cambre
Les reins et d'une main ouvre le rideau bleu
Pour amener un peu la fraîcheur de la chambre
Sous le drap, vers son ventre et sa poitrine en feu...

V

À son réveil, — minuit, — la fenêtre était blanche.
Devant le sommeil bleu des rideaux illunés,
La vision la prit des candeurs du dimanche;
Elle avait rêvé rouge. Elle saigna du nez,

Et se sentant bien chaste et pleine de faiblesse
Pour savourer en Dieu son amour revenant,
Elle eut soif de la nuit où s'exalte et s'abaisse
Le cœur, sous l'œil des cieux doux, en les devinant;

De la nuit, Vierge-Mère impalpable, qui baigne
Tous les jeunes émois de ses silences gris;
Elle eut soif de la nuit forte où le cœur qui saigne
Écoule sans témoin sa révolte sans cris.

Et faisant la victime et la petite épouse,
Son étoile la vit, une chandelle aux doigts,
Descendre dans la cour où séchait une blouse,
Spectre blanc, et lever les spectres noirs des toits.

VI

Elle passa sa nuit sainte dans des latrines.
Vers la chandelle, aux trous du toit coulait l'air blanc,
Et quelque vigne folle aux noirceurs purpurines,
En deçà d'une cour voisine s'écroulant.

La lucarne faisait un cœur de lueur vive
Dans la cour où les cieux bas plaquaient d'ors vermeils
Les vitres; les pavés puant l'eau de lessive
Soufraient l'ombre des murs bondés de noirs sommeils.

. . . .

VII

Qui dira ces langueurs et ces pitiés immondes,
Et ce qu'il lui viendra de haine, ô sales fous
Dont le travail divin déforme encor les mondes,
Quand la lèpre à la fin mangera ce corps doux?

. . . .

VIII

Et quand, ayant rentré tous ses nœuds d'hystéries,
Elle verra, sous les tristesses du bonheur,
L'amant rêver au blanc million des Maries,
Au matin de la nuit d'amour, avec douleur :

« Sais-tu que je t'ai fait mourir? J'ai pris ta bouche,
Ton cœur, tout ce qu'on a, tout ce que vous avez;
Et moi, je suis malade : Oh! je veux qu'on me couche
Parmi les Morts des eaux nocturnes abreuvés!

« J'étais bien jeune, et Christ a souillé mes haleines.
Il me bonda jusqu'à la gorge de dégoûts!
Tu baisais mes cheveux profonds comme les laines
Et je me laissais faire... ah! va, c'est bon pour vous,

« Hommes! qui songez peu que la plus amoureuse
Est, sous sa conscience aux ignobles terreurs,
La plus prostituée et la plus douloureuse,
Et que tous nos élans vers vous sont des erreurs!

« Car ma Communion première est bien passée.
Tes baisers, je ne puis jamais les avoir sus :
Et mon cœur et ma chair par ta chair embrassée
Fourmillent du baiser putride de Jésus! »

IX

Alors l'âme pourrie et l'âme désolée
Sentiront ruisseler tes malédictions.
— Ils auront couché sur ta Haine inviolée,
Échappés, pour la mort, des justes passions.

Christ! ô Christ, éternel voleur des énergies,
Dieu qui pour deux mille ans vouas à ta pâleur,
Cloués au sol, de honte et de céphalalgies,
Ou renversés, les fronts des femmes de douleur.

Juillet 1871.

LES CHERCHEUSES DE POUX[1]

Quand le front de l'enfant, plein de rouges tourmentes,
Implore l'essaim blanc des rêves indistincts,
Il vient près de son lit deux grandes sœurs charmantes
Avec de frêles doigts aux ongles argentins.

Elles assoient l'enfant devant une croisée
Grande ouverte où l'air bleu baigne un fouillis de fleurs,
Et dans ses lourds cheveux où tombe la rosée
Promènent leurs doigts fins, terribles et charmeurs.

Il écoute chanter leurs haleines craintives
Qui fleurent de longs miels végétaux et rosés,
Et qu'interrompt parfois un sifflement, salives
Reprises sur la lèvre ou désirs de baisers.

Il entend leurs cils noirs battant sous les silences
Parfumés; et leurs doigts électriques et doux
Font crépiter parmi ses grises indolences
Sous leurs ongles royaux la mort des petits poux.

Voilà que monte en lui le vin de la Paresse,
Soupir d'harmonica qui pourrait délirer;
L'enfant se sent, selon la lenteur des caresses,
Sourdre et mourir sans cesse un désir de pleurer.

LE BATEAU IVRE[1]

Comme je descendais des Fleuves impassibles,
Je ne me sentis plus guidé par les haleurs :
Des Peaux-Rouges criards les avaient pris pour cibles
Les ayant cloués nus aux poteaux de couleurs.

J'étais insoucieux de tous les équipages,
Porteur de blés flamands ou de cotons anglais.
Quand avec mes haleurs ont fini ces tapages
Les Fleuves m'ont laissé descendre où je voulais.

Dans les clapotements furieux des marées,
Moi, l'autre hiver, plus sourd que les cerveaux d'enfants,
Je courus! Et les Péninsules démarrées
N'ont pas subi tohu-bohus plus triomphants.

La tempête a béni mes éveils maritimes.
Plus léger qu'un bouchon j'ai dansé sur les flots
Qu'on appelle rouleurs éternels de victimes,
Dix nuits, sans regretter l'œil niais des falots!

Plus douce qu'aux enfants la chair des pommes sures,
L'eau verte pénétra ma coque de sapin
Et des taches de vins bleus et des vomissures
Me lava, dispersant gouvernail et grappin.

Et dès lors, je me suis baigné dans le Poème
De la Mer, infusé d'astres, et lactescent [2],
Dévorant les azurs verts; où, flottaison blême
Et ravie, un noyé pensif parfois descend;

Où, teignant tout à coup les bleuités, délires
Et rhythmes lents sous les rutilements du jour,
Plus fortes que l'alcool, plus vastes que nos lyres,
Fermentent les rousseurs amères de l'amour!

Je sais les cieux crevant en éclairs, et les trombes
Et les ressacs et les courants : je sais le soir,
L'Aube exaltée ainsi qu'un peuple de colombes,
Et j'ai vu quelquefois ce que l'homme a cru voir!

J'ai vu le soleil bas, taché d'horreurs mystiques,
Illuminant de longs figements violets,
Pareils à des acteurs de drames très-antiques
Les flots roulant au loin leurs frissons de volets!

J'ai rêvé la nuit verte aux neiges éblouies,
Baiser montant aux yeux des mers avec lenteurs,
La circulation des sèves inouïes,
Et l'éveil jaune et bleu des phosphores chanteurs!

J'ai suivi, des mois pleins, pareille aux vacheries
Hystériques, la houle à l'assaut des récifs,
Sans songer que les pieds lumineux des Maries
Pussent forcer le mufle aux Océans poussifs!

J'ai heurté, savez-vous, d'incroyables Florides
Mêlant aux fleurs des yeux de panthères à peaux
D'hommes! Des arcs-en-ciel tendus comme des brides
Sous l'horizon des mers, à de glauques troupeaux!

J'ai vu fermenter les marais énormes, nasses
Où pourrit dans les joncs tout un Léviathan[1]!
Des écroulements d'eaux au milieu des bonaces,
Et les lointains vers les gouffres cataractant!

Glaciers, soleils d'argent, flots nacreux, cieux de braises!
Échouages hideux au fond des golfes bruns
Où les serpents géants dévorés des punaises
Choient, des arbres tordus, avec de noirs parfums!

J'aurais voulu montrer aux enfants ces dorades
Du flot bleu, ces poissons d'or, ces poissons chantants.
— Des écumes de fleurs ont bercé mes dérades
Et d'ineffables vents m'ont ailé par instants.

Parfois, martyr lassé des pôles et des zones,
La mer dont le sanglot faisait mon roulis doux
Montait vers moi ses fleurs d'ombre aux ventouses jaunes
Et je restais, ainsi qu'une femme à genoux...

Presque île, ballottant sur mes bords les querelles
Et les fientes d'oiseaux clabaudeurs aux yeux blonds.
Et je voguais, lorsqu'à travers mes liens frêles
Des noyés descendaient dormir, à reculons!

Or moi, bateau perdu sous les cheveux des anses,
Jeté par l'ouragan dans l'éther sans oiseau,
Moi dont les Monitors et les voiliers des Hanses [1]
N'auraient pas repêché la carcasse ivre d'eau;

Libre, fumant, monté de brumes violettes,
Moi qui trouais le ciel rougeoyant comme un mur
Qui porte, confiture exquise aux bons poètes,
Des lichens de soleil et des morves d'azur,

Qui courais, taché de lunules électriques,
Planche folle, escorté des hippocampes noirs,
Quand les juillets faisaient crouler à coups de triques
Les cieux ultramarins aux ardents entonnoirs;

Moi qui tremblais, sentant geindre à cinquante lieues
Le rut des Béhémots [1] et les Maelstroms [2] épais,
Fileur éternel des immobilités bleues,
Je regrette l'Europe aux anciens parapets!

J'ai vu des archipels sidéraux! et des îles
Dont les cieux délirants sont ouverts au vogueur :
— Est-ce en ces nuits sans fond que tu dors et t'exiles,
Million d'oiseaux d'or, ô future Vigueur? —

Mais, vrai, j'ai trop pleuré! Les Aubes sont navrantes.
Toute lune est atroce et tout soleil amer :
L'âcre amour m'a gonflé de torpeurs enivrantes.
Ô que ma quille éclate! Ô que j'aille à la mer!

Si je désire une eau d'Europe, c'est la flache [3]
Noire et froide où vers le crépuscule embaumé
Un enfant accroupi plein de tristesses, lâche
Un bateau frêle comme un papillon de mai.

Je ne puis plus, baigné de vos langueurs, ô lames,
Enlever leur sillage aux porteurs de cotons,
Ni traverser l'orgueil des drapeaux et des flammes,
Ni nager sous les yeux horribles des pontons.

VERS NOUVEAUX

Qu'est-ce pour nous, mon cœur, que les nappes de sang [1]
Et de braise, et mille meurtres, et les longs cris
De rage, sanglots de tout enfer renversant
Tout ordre; et l'Aquilon encor sur les débris

Et toute vengeance? Rien!... — Mais si, tout encor,
Nous la voulons! Industriels, princes, sénats,
Périssez! puissance, justice, histoire, à bas!
Ça nous est dû. Le sang! le sang! la flamme d'or!

Tout à la guerre, à la vengeance, à la terreur,
Mon Esprit! Tournons dans la Morsure : Ah! passez,
Républiques de ce monde! Des empereurs,
Des régiments, des colons, des peuples, assez!

Qui remuerait les tourbillons de feu furieux,
Que nous et ceux que nous nous imaginons frères?
À nous! Romanesques amis : ça va nous plaire.
Jamais nous ne travaillerons, ô flots de feux!

Europe, Asie, Amérique, disparaissez.
Notre marche vengeresse a tout occupé,
Cités et campagnes! — Nous serons écrasés!
Les volcans sauteront! et l'océan frappé...

Oh! mes amis! — mon cœur, c'est sûr, ils sont des frères :
Noirs inconnus, si nous allions! allons! allons!
Ô malheur! je me sens frémir, la vieille terre,
Sur moi de plus en plus à vous! la terre fond,

Ce n'est rien! j'y suis! j'y suis toujours.

LARME[1]

Loin des oiseaux, des troupeaux, des villageoises,
Je buvais, accroupi dans quelque bruyère
Entourée de tendres bois de noisetiers,
Par un brouillard d'après-midi tiède et vert.

Que pouvais-je boire dans cette jeune Oise,
Ormeaux sans voix, gazon sans fleurs, ciel couvert.
Que tirais-je à la gourde de colocase[2]?
Quelque liqueur d'or, fade et qui fait suer.

Tel, j'eusse été mauvaise enseigne d'auberge.
Puis l'orage changea le ciel, jusqu'au soir.
Ce furent des pays noirs, des lacs, des perches,
Des colonnades sous la nuit bleue, des gares.

L'eau des bois se perdait sur des sables vierges.
Le vent, du ciel, jetait des glaçons aux mares...
Or! tel qu'un pêcheur d'or ou de coquillages,
Dire que je n'ai pas eu souci de boire!

Mai 1872.

LA RIVIÈRE DE CASSIS [1]

La Rivière de Cassis roule ignorée
   En des vaux étranges :
La voix de cent corbeaux l'accompagne, vraie
   Et bonne voix d'anges :
Avec les grands mouvements des sapinaies
   Quand plusieurs vents plongent.

Tout roule avec des mystères révoltants
   De campagnes d'anciens temps ;
De donjons visités, de parcs importants :
   C'est en ces bords qu'on entend
Les passions mortes des chevaliers errants :
   Mais que salubre est le vent !

Que le piéton regarde à ces clairevoies :
   Il ira plus courageux.
Soldats des forêts que le Seigneur envoie,
   Chers corbeaux délicieux !
Faites fuir d'ici le paysan matois
   Qui trinque d'un moignon vieux.

        Mai 1872.

COMÉDIE DE LA SOIF[1]

I. LES PARENTS

Nous sommes tes Grands-Parents,
     Les Grands!
Couverts des froides sueurs
De la lune et des verdures.
Nos vins secs avaient du cœur!
Au soleil sans imposture
Que faut-il à l'homme? boire.

MOI. — Mourir aux fleuves barbares.

Nous sommes tes Grands-Parents
     Des champs.
L'eau est au fond des osiers :
Vois le courant du fossé
Autour du château mouillé.
Descendons en nos celliers;
Après, le cidre et le lait.

MOI. — Aller où boivent les vaches.

Nous sommes tes Grands-Parents;
     Tiens, prends
Les liqueurs dans nos armoires;
Le Thé, le Café, si rares,
Frémissent dans les bouilloires.
— Vois les images, les fleurs.
Nous rentrons du cimetière.

MOI. — Ah! tarir toutes les urnes!

2. L'ESPRIT

Éternelles Ondines
   Divisez l'eau fine.
Vénus, sœur de l'azur,
   Émeus le flot pur.

Juifs errants de Norwège
   Dites-moi la neige.
Anciens exilés chers,
   Dites-moi la mer.

MOI. — Non, plus ces boissons pures,
   Ces fleurs d'eau pour verres;
Légendes ni figures
   Ne me désaltèrent;

Chansonnier, ta filleule
   C'est ma soif si folle
Hydre intime sans gueules
   Qui mine et désole.

3. LES AMIS

Viens, les vins vont aux plages,
Et les flots par millions!
Vois le Bitter sauvage [1]
Rouler du haut des monts!

Gagnons, pèlerins sages,
L'absinthe aux verts piliers [2]...

MOI. — Plus ces paysages.
Qu'est l'ivresse, Amis?

J'aime autant, mieux, même,
Pourrir dans l'étang,
Sous l'affreuse crème,
Près des bois flottants.

4. LE PAUVRE SONGE

Peut-être un Soir m'attend
Où je boirai tranquille
En quelque vieille Ville,
Et mourrai plus content :
Puisque je suis patient!

Si mon mal se résigne,
Si j'ai jamais quelque or,
Choisirai-je le Nord
Ou le Pays des Vignes?...
— Ah! songer est indigne

Puisque c'est pure perte!
Et si je redeviens
Le voyageur ancien,
Jamais l'auberge verte
Ne peut bien m'être ouverte.

5. CONCLUSION

Les pigeons qui tremblent dans la prairie,
Le gibier, qui court et qui voit la nuit,
Les bêtes des eaux, la bête asservie,
Les derniers papillons!... ont soif aussi.

Mais fondre où fond ce nuage sans guide,
— Oh! favorisé de ce qui est frais!
Expirer en ces violettes humides
Dont les aurores chargent ces forêts?

Mai 1872.

BONNE PENSÉE DU MATIN[1]

À quatre heures du matin, l'été,
Le sommeil d'amour dure encore.
Sous les bosquets l'aube évapore
    L'odeur du soir fêté.

Mais là-bas dans l'immense chantier
Vers le soleil des Hespérides,
En bras de chemise, les charpentiers
    Déjà s'agitent.

Dans leur désert de mousse, tranquilles,
Ils préparent les lambris précieux
Où la richesse de la ville
    Rira sous de faux cieux.

Ah! pour ces Ouvriers charmants
Sujets d'un roi de Babylone,
Vénus! laisse un peu les Amants,
    Dont l'âme est en couronne.

    Ô Reine des Bergers!
Porte aux travailleurs l'eau-de-vie,
Pour que leurs forces soient en paix
En attendant le bain dans la mer, à midi.

Mai 1872.

FÊTES DE LA PATIENCE[1]

1. BANNIÈRES DE MAI.
2. CHANSON DE LA PLUS HAUTE TOUR.
3. ÉTERNITÉ.
4. ÂGE D'OR.

BANNIÈRES DE MAI[2]

Aux branches claires des tilleuls
Meurt un maladif hallali.
Mais des chansons spirituelles
Voltigent parmi les groseilles.
Que notre sang rie en nos veines,
Voici s'enchevêtrer les vignes.
Le ciel est joli comme un ange.
L'azur et l'onde communient[3].
Je sors. Si un rayon me blesse
Je succomberai sur la mousse.

Qu'on patiente et qu'on s'ennuie
C'est trop simple. Fi de mes peines.
Je veux que l'été dramatique
Me lie à son char de fortune.
Que par toi beaucoup, ô Nature,
— Ah moins seul et moins nul! — je meure.
Au lieu que les Bergers, c'est drôle,
Meurent à peu près par le monde.

Je veux bien que les saisons m'usent.
À toi, Nature, je me rends;
Et ma faim et toute ma soif.
Et, s'il te plaît, nourris, abreuve.
Rien de rien ne m'illusionne;
C'est rire aux parents, qu'au soleil,
Mais moi je ne veux rire à rien;
Et libre soit cette infortune.

Mai 1872.

CHANSON DE LA PLUS HAUTE TOUR[1]

Oisive jeunesse
À tout asservie,
Par délicatesse
J'ai perdu ma vie.
Ah! Que le temps vienne
Où les cœurs s'éprennent.

Je me suis dit : laisse,
Et qu'on ne te voie :
Et sans la promesse
De plus hautes joies.
Que rien ne t'arrête
Auguste retraite.

J'ai tant fait patience
Qu'à jamais j'oublie;
Craintes et souffrances
Aux cieux sont parties.
Et la soif malsaine
Obscurcit mes veines.

Ainsi la Prairie
À l'oubli livrée,
Grandie, et fleurie
D'encens et d'ivraies
Au bourdon farouche
De cent sales mouches.

Ah! Mille veuvages
De la si pauvre âme
Qui n'a que l'image
De la Notre-Dame!
Est-ce que l'on prie
La Vierge Marie?

Oisive jeunesse
À tout asservie
Par délicatesse
J'ai perdu ma vie.
Ah! Que le temps vienne
Où les cœurs s'éprennent!

Mai 1872.

L'ÉTERNITÉ [1]

Elle est retrouvée.
Quoi? — L'Éternité.
C'est la mer allée
Avec le soleil.

Âme sentinelle,
Murmurons l'aveu
De la nuit si nulle
Et du jour en feu.

Des humains suffrages,
Des communs élans
Là tu te dégages
Et voles selon.

Puisque de vous seules,
Braises de satin,
Le Devoir s'exhale
Sans qu'on dise : enfin.

Là pas d'espérance,
Nul orietur [1].
Science avec patience,
Le supplice est sûr.

Elle est retrouvée.
Quoi? — L'Éternité.
C'est la mer allée
Avec le soleil.

Mai 1872.

ÂGE D'OR [2]

Quelqu'une des voix
Toujours angélique
— Il s'agit de moi, —
Vertement s'explique :

Ces mille questions
Qui se ramifient
N'amènent, au fond,
Qu'ivresse et folie;

Reconnais ce tour
Si gai, si facile :
Ce n'est qu'onde, flore,
Et c'est ta famille !

Puis elle chante. Ô
Si gai, si facile,
Et visible à l'œil nu...
— Je chante avec elle, —

Reconnais ce tour
Si gai, si facile,
Ce n'est qu'onde, flore,
Et c'est ta famille !... etc...

Et puis une voix
— Est-elle angélique ! —
Il s'agit de moi,
Vertement s'explique ;

Et chante à l'instant
En sœur des haleines :
D'un ton Allemand,
Mais ardente et pleine :

Le monde est vicieux ;
Si cela t'étonne !
Vis et laisse au feu
L'obscure infortune.

Ô ! joli château !
Que ta vie est claire !
De quel Âge es-tu,
Nature princière
De notre grand frère ! etc...

Je chante aussi, moi :
Multiples sœurs ! voix
Pas du tout publiques !
Environnez-moi
De gloire pudique... etc...

Juin 1872.

JEUNE MÉNAGE[1]

La chambre est ouverte au ciel bleu-turquin [2],
Pas de place : des coffrets et des huches !
Dehors le mur est plein d'aristoloches
Où vibrent les gencives des lutins.

Que ce sont bien intrigues de génies
Cette dépense et ces désordres vains !
C'est la fée africaine qui fournit
La mûre, et les résilles dans les coins.

Plusieurs entrent, marraines mécontentes,
En pans de lumière dans les buffets,
Puis y restent ! le ménage s'absente
Peu sérieusement, et rien ne se fait.

Le marié a le vent qui le floue
Pendant son absence, ici, tout le temps.
Même des esprits des eaux, malfaisants
Entrent vaguer aux sphères de l'alcôve.

La nuit, l'amie oh! la lune de miel
Cueillera leur sourire et remplira
De mille bandeaux de cuivre le ciel.
Puis ils auront affaire au malin rat.

— S'il n'arrive pas un feu follet blême,
Comme un coup de fusil, après des vêpres.
— Ô spectres saints et blancs de Bethléem,
Charmez plutôt le bleu de leur fenêtre!

27 juin 1872.

☆

Bruxelles[1]
Juillet.   Boulevart du Régent,

Plates-bandes d'amarantes jusqu'à
L'agréable palais de Jupiter.
— Je sais que c'est Toi, qui, dans ces lieux,
Mêles ton Bleu presque de Sahara!

Puis, comme rose et sapin du soleil
Et liane ont ici leurs jeux enclos,
Cage de la petite veuve!...
                      Quelles
Troupes d'oiseaux! ô iaio, iaio!...

— Calmes maisons, anciennes passions!
Kiosque de la Folle par affection.
Après les fesses des rosiers, balcon
Ombreux et très-bas de la Juliette.

— La Juliette, ça rappelle l'Henriette,
Charmante station du chemin de fer
Au cœur d'un mont comme au fond d'un verger
Où mille diables bleus dansent dans l'air!

Banc vert où chante au paradis d'orage,
Sur la guitare, la blanche Irlandaise.
Puis de la salle à manger guyanaise
Bavardage des enfants et des cages.

Fenêtre du duc qui fais que je pense
Au poison des escargots et du buis
Qui dort ici-bas au soleil. Et puis
C'est trop beau! trop! Gardons notre silence.

— Boulevart sans mouvement ni commerce,
Muet, tout drame et toute comédie,
Réunion des scènes infinie,
Je te connais et t'admire en silence.

☆

Est-elle almée [1]?... aux premières heures bleues
Se détruira-t-elle comme les fleurs feues... [2]
Devant la splendide étendue où l'on sente
Souffler la ville énormément florissante!

C'est trop beau! c'est trop beau [3]! mais c'est nécessaire
— Pour la Pêcheuse et la chanson du Corsaire,
Et aussi puisque les derniers masques crurent
Encore aux fêtes de nuit sur la mer pure!

Juillet 1872.

FÊTES DE LA FAIM [1]

Ma faim, Anne, Anne,
Fuis sur ton âne.

Si j'ai du *goût*, ce n'est guères
Que pour la terre et les pierres.
Dinn! dinn! dinn! dinn! Je pais l'air,
Le roc, les Terres, le fer.

Tournez, les faims, paissez, faims,
        Le pré des sons!
L'aimable et vibrant venin
        Des liserons;

Les cailloux qu'un pauvre brise,
Les vieilles pierres d'églises,
Les galets, fils des déluges,
Pains couchés aux vallées grises!

Mes faims, c'est les bouts d'air noir;
        L'azur sonneur;
— C'est l'estomac qui me tire.
        C'est le malheur.

Sur terre ont paru les feuilles :
Je vais aux chairs de fruit blettes.
Au sein du sillon je cueille
La doucette [2] et la violette.

        Ma faim, Anne, Anne!
        Fuis sur ton âne.

☆

Entends comme brame [1]
près des acacias
en avril la rame
viride du pois!

Dans sa vapeur nette,
vers Phœbé! tu vois
s'agiter la tête
de saints d'autrefois...

Loin des claires meules
des caps, des beaux toits,
ces chers Anciens veulent
ce philtre sournois...

Or ni fériale
ni astrale! n'est
la brume qu'exhale
ce nocturne effet.

Néanmoins ils restent,
— Sicile, Allemagne,
dans ce brouillard triste
et blêmi, justement!

MICHEL ET CHRISTINE[1]

Zut alors si le soleil quitte ces bords!
Fuis, clair déluge! Voici l'ombre des routes.
Dans les saules, dans la vieille cour d'honneur
L'orage d'abord jette ses larges gouttes.

Ô cent agneaux, de l'idylle soldats blonds[2],
Des aqueducs, des bruyères amaigries,
Fuyez! plaine, déserts, prairie, horizons
Sont à la toilette rouge de l'orage!

Chien noir, brun pasteur dont le manteau s'engouffre,
Fuyez l'heure des éclairs supérieurs;
Blond troupeau, quand voici nager ombre et soufre,
Tâchez de descendre à des retraits meilleurs.

Mais moi, Seigneur! voici que mon Esprit vole,
Après les cieux glacés de rouge, sous les
Nuages célestes qui courent et volent
Sur cent Solognes longues comme un railway.

Voilà mille loups, mille graines sauvages
Qu'emporte, non sans aimer les liserons,
Cette religieuse après-midi d'orage
Sur l'Europe ancienne où cent hordes iront!

Après, le clair de lune! partout la lande,
Rougis et leurs fronts aux cieux noirs, les guerriers
Chevauchent lentement leurs pâles coursiers!
Les cailloux sonnent sous cette fière bande!

— Et verrai-je le bois jaune et le val clair,
L'Épouse aux yeux bleus, l'homme au front rouge,
[— ô Gaule,
Et le blanc agneau Pascal, à leurs pieds chers,
— Michel et Christine, — et Christ ! — fin de l'Idylle.

HONTE [1]

Tant que la lame n'aura
Pas coupé cette cervelle,
Ce paquet blanc vert et gras
À vapeur jamais nouvelle,

(Ah ! Lui, devrait couper son
Nez, sa lèvre, ses oreilles,
Son ventre ! et faire abandon
De ses jambes ! ô merveille !)

Mais, non, vrai, je crois que tant
Que pour sa tête la lame
Que les cailloux pour son flanc
Que pour ses boyaux la flamme

N'auront pas agi, l'enfant
Gêneur, la si sotte bête,
Ne doit cesser un instant
De ruser et d'être traître

Comme un chat des Monts-Rocheux ;
D'empuantir toutes sphères !
Qu'à sa mort pourtant, ô mon Dieu !
S'élève quelque prière !

MÉMOIRE [1]

I

L'eau claire; comme le sel des larmes d'enfance,
L'assaut au soleil des blancheurs des corps de femmes;
la soie, en foule et de lys pur, des oriflammes
sous les murs dont quelque pucelle eut la défense;

l'ébat des anges; — Non... le courant d'or en marche,
meut ses bras, noirs, et lourds, et frais surtout, d'herbe. Elle
                                                    [Elle
sombre, ayant le Ciel bleu pour ciel-de-lit, appelle
pour rideaux l'ombre de la colline et de l'arche.

II

Eh! l'humide carreau tend ses bouillons limpides!
L'eau meuble d'or pâle et sans fond les couches prêtes.
Les robes vertes et déteintes des fillettes
font les saules, d'où sautent les oiseaux sans brides.

Plus pure qu'un louis, jaune et chaude paupière
le souci d'eau — ta foi conjugale, ô l'Épouse! —
au midi prompt, de son terne miroir, jalouse
au ciel gris de chaleur la Sphère rose et chère.

III

Madame se tient trop debout dans la prairie
prochaine où neigent les fils du travail; l'ombrelle
aux doigts; foulant l'ombelle; trop fière pour elle;
des enfants lisant dans la verdure fleurie

leur livre de maroquin rouge! Hélas, Lui, comme
mille anges blancs qui se séparent sur la route,
s'éloigne par delà la montagne! Elle, toute
froide, et noire, court! après le départ de l'homme!

IV

Regret des bras épais et jeunes d'herbe pure!
Or des lunes d'avril au cœur du saint lit! Joie
des chantiers riverains à l'abandon, en proie
aux soirs d'août qui faisaient germer ces pourritures!

Qu'elle pleure à présent sous les remparts! l'haleine
des peupliers d'en haut est pour la seule brise.
Puis, c'est la nappe, sans reflets, sans source, grise :
un vieux, dragueur, dans sa barque immobile, peine.

V

Jouet de cet œil d'eau morne, je n'y puis prendre,
ô canot immobile! oh! bras trop courts! ni l'une
ni l'autre fleur : ni la jaune qui m'importune,
là; ni la bleue, amie à l'eau couleur de cendre.

Ah! la poudre des saules qu'une aile secoue!
Les roses des roseaux dès longtemps dévorées!
Mon canot, toujours fixe; et sa chaîne tirée
Au fond de cet œil d'eau sans bords, — à quelle boue?

☆

Ô saisons, ô châteaux[1]
Quelle âme est sans défauts?

Ô saisons, ô châteaux,

J'ai fait la magique étude
Du Bonheur, que nul n'élude..

Ô vive lui, chaque fois
Que chante son coq gaulois.

Mais! je n'aurai plus d'envie,
Il s'est chargé de ma vie.

Ce Charme! il prit âme et corps,
Et dispersa tous efforts.

Que comprendre à ma parole?
Il fait qu'elle fuie et vole!

Ô saisons, ô châteaux!

[Et, si le malheur m'entraîne,
Sa disgrâce m'est certaine.

Il faut que son dédain, las!
Me livre au plus prompt trépas!

— Ô Saisons, ô Châteaux!][2]

A. RIMBAUD

UNE

SAISON EN ENFER

PRIX : UN FRANC

BRUXELLES
ALLIANCE TYPOGRAPHIQUE (M.-J. POOT ET COMPAGNIE)
37, rue aux Choux, 37
—
1873

« Jadis, si je me souviens bien, ma vie était un festin où s'ouvraient tous les cœurs, où tous les vins coulaient.

Un soir, j'ai assis la Beauté sur mes genoux. — Et je l'ai trouvée amère. — Et je l'ai injuriée.

Je me suis armé contre la justice [2].

Je me suis enfui. Ô sorcières, ô misère, ô haine, c'est à vous que mon trésor a été confié !

Je parvins à faire s'évanouir dans mon esprit toute l'espérance humaine. Sur toute joie pour l'étrangler j'ai fait le bond sourd de la bête féroce.

J'ai appelé les bourreaux pour, en périssant, mordre la crosse de leurs fusils. J'ai appelé les fléaux, pour m'étouffer avec le sable, le sang. Le malheur a été mon dieu. Je me suis allongé dans la boue. Je me suis séché à l'air du crime. Et j'ai joué de bons tours à la folie.

Et le printemps m'a apporté l'affreux rire de l'idiot.

Or, tout dernièrement m'étant trouvé sur le point de faire le dernier *couac !* j'ai songé à rechercher la clef du festin ancien, où je reprendrais peut-être appétit.

La charité est cette clef. — Cette inspiration prouve que j'ai rêvé[1] !

« Tu resteras hyène, etc... », se récrie le démon qui me couronna de si aimables pavots. « Gagne la mort avec tous tes appétits, et ton égoïsme et tous les péchés capitaux. »

Ah! j'en ai trop pris : — Mais, cher Satan[2], je vous en conjure, une prunelle moins irritée! et en attendant les quelques petites lâchetés en retard, vous qui aimez dans l'écrivain l'absence des facultés descriptives ou instructives, je vous détache ces quelques hideux feuillets de mon carnet de damné.

MAUVAIS SANG[3]

J'ai de mes ancêtres gaulois l'œil bleu blanc, la cervelle étroite, et la maladresse dans la lutte. Je trouve mon habillement aussi barbare que le leur. Mais je ne beurre pas ma chevelure.

Les Gaulois étaient les écorcheurs de bêtes, les brûleurs d'herbes les plus ineptes de leur temps.

D'eux, j'ai : l'idolâtrie et l'amour du sacrilège; — oh! tous les vices, colère, luxure, — magnifique, la luxure; — surtout mensonge et paresse.

J'ai horreur de tous les métiers. Maîtres et ouvriers, tous paysans, ignobles. La main à plume vaut la main à charrue. — Quel siècle à mains! — Je n'aurai jamais ma main. Après, la domesticité mène trop loin. L'honnêteté de la mendicité me navre. Les criminels dégoûtent comme les châtrés : moi, je suis intact, et ça m'est égal.

Mais! qui a fait ma langue perfide tellement, qu'elle

ait guidé et sauvegardé jusqu'ici ma paresse? Sans me
servir pour vivre même de mon corps, et plus oisif que
le crapaud, j'ai vécu partout. Pas une famille d'Europe
que je ne connaisse. — J'entends des familles comme
la mienne, qui tiennent tout de la déclaration des Droits
de l'Homme. — J'ai connu chaque fils de famille!

Si j'avais des antécédents à un point quelconque de
l'histoire de France!

Mais non, rien.

Il m'est bien évident que j'ai toujours été race infé-
rieure. Je ne puis comprendre la révolte. Ma race ne
se souleva jamais que pour piller : tels les loups à la
bête qu'ils n'ont pas tuée.

Je me rappelle l'histoire de la France fille aînée de
l'Église. J'aurais fait, manant, le voyage de terre sainte;
j'ai dans la tête des routes dans les plaines souabes, des
vues de Byzance, des remparts de Solyme; le culte
de Marie, l'attendrissement sur le crucifié s'éveillent en
moi parmi mille féeries profanes. — Je suis assis,
lépreux, sur les pots cassés et les orties, au pied d'un
mur rongé par le soleil. — Plus tard, reître, j'aurais
bivaqué sous les nuits d'Allemagne.

Ah! encore : je danse le sabbat dans une rouge clai-
rière, avec des vieilles et des enfants.

Je ne me souviens pas plus loin que cette terre-ci et
le christianisme. Je n'en finirais pas de me revoir dans
ce passé. Mais toujours seul; sans famille; même, quelle
langue parlais-je? Je ne me vois jamais dans les conseils
du Christ; ni dans les conseils des Seigneurs, — repré-
sentants du Christ.

Qu'étais-je au siècle dernier : je ne me retrouve
qu'aujourd'hui. Plus de vagabonds, plus de guerres

vagues. La race inférieure a tout couvert — le peuple,
comme on dit, la raison; la nation et la science.

Oh! la science! On a tout repris. Pour le corps et pour
l'âme, — le viatique, — on a la médecine et la philo-
sophie, — les remèdes de bonnes femmes et les chansons
populaires arrangées. Et les divertissements des princes
et les jeux qu'ils interdisaient! Géographie, cosmogra-
phie, mécanique, chimie!...

La science, la nouvelle noblesse! Le progrès. Le
monde marche! Pourquoi ne tournerait-il pas?

C'est la vision des nombres. Nous allons à l'*Esprit*.
C'est très-certain, c'est oracle, ce que je dis. Je
comprends, et ne sachant m'expliquer sans paroles
païennes, je voudrais me taire.

———

Le sang païen revient! L'Esprit est proche, pour-
quoi Christ ne m'aide-t-il pas, en donnant à mon âme
noblesse et liberté. Hélas! l'Évangile a passé! l'Évan-
gile! l'Évangile.

J'attends Dieu avec gourmandise. Je suis de race
inférieure de toute éternité.

Me voici sur la plage armoricaine. Que les villes
s'allument dans le soir. Ma journée est faite; je quitte
l'Europe. L'air marin brûlera mes poumons; les cli-
mats perdus me tanneront. Nager, broyer l'herbe, chas-
ser, fumer surtout; boire des liqueurs fortes comme du
métal bouillant, — comme faisaient ces chers ancêtres
autour des feux.

Je reviendrai, avec des membres de fer, la peau
sombre, l'œil furieux : sur mon masque, on me jugera
d'une race forte. J'aurai de l'or : je serai oisif et brutal.
Les femmes soignent ces féroces infirmes retour des
pays chauds. Je serai mêlé aux affaires politiques. Sauvé.

Maintenant je suis maudit, j'ai horreur de la patrie. Le meilleur, c'est un sommeil bien ivre, sur la grève.

———

On ne part pas. — Reprenons les chemins d'ici, chargé de mon vice, le vice qui a poussé ses racines de souffrance à mon côté, dès l'âge de raison — qui monte au ciel, me bat, me renverse, me traîne.

La dernière innocence et la dernière timidité. C'est dit. Ne pas porter au monde mes dégoûts et mes trahisons.

Allons! La marche, le fardeau, le désert, l'ennui et la colère.

À qui me louer? Quelle bête faut-il adorer? Quelle sainte image attaque-t-on? Quels cœurs briserai-je? Quel mensonge dois-je tenir? — Dans quel sang marcher?

Plutôt, se garder de la justice. — La vie dure, l'abrutissement simple, — soulever, le poing desséché, le couvercle du cercueil, s'asseoir, s'étouffer. Ainsi point de vieillesse, ni de dangers : la terreur n'est pas française.

— Ah! je suis tellement délaissé que j'offre à n'importe quelle divine image des élans vers la perfection.

Ô mon abnégation, ô ma charité merveilleuse! ici-bas, pourtant!

De profundis Domine, suis-je bête!

———

Encore tout enfant, j'admirais le forçat intraitable sur qui se referme toujours le bagne; je visitais les auberges et les garnis qu'il aurait sacrés par son séjour; je voyais *avec son idée* le ciel bleu et le travail fleuri de la campagne; je flairais sa fatalité dans les villes. Il avait plus de force qu'un saint, plus de bon sens qu'un voyageur — et lui, lui seul! pour témoin de sa gloire et de sa raison.

Sur les routes, par des nuits d'hiver, sans gîte, sans habits, sans pain, une voix étreignait mon cœur gelé : « Faiblesse ou force : te voilà, c'est la force. Tu ne sais ni où tu vas ni pourquoi tu vas, entre partout, réponds à tout. On ne te tuera pas plus que si tu étais cadavre. » Au matin j'avais le regard si perdu et la contenance si morte, que ceux que j'ai rencontrés *ne m'ont peut-être pas vu*.

Dans les villes la boue m'apparaissait soudainement rouge et noire, comme une glace quand la lampe circule dans la chambre voisine, comme un trésor dans la forêt! Bonne chance, criais-je, et je voyais une mer de flammes et de fumée au ciel; et, à gauche, à droite, toutes les richesses flambant comme un milliard de tonnerres.

Mais l'orgie et la camaraderie des femmes m'étaient interdites. Pas même un compagnon. Je me voyais devant une foule exaspérée, en face du peloton d'exécution, pleurant du malheur qu'ils n'aient pu comprendre, et pardonnant! — Comme Jeanne d'Arc! — « Prêtres, professeurs, maîtres, vous vous trompez en me livrant à la justice. Je n'ai jamais été de ce peuple-ci; je n'ai jamais été chrétien; je suis de la race qui chantait dans le supplice; je ne comprends pas les lois; je n'ai pas le sens moral, je suis une brute : vous vous trompez... »

Oui, j'ai les yeux fermés à votre lumière. Je suis une bête, un nègre. Mais je puis être sauvé. Vous êtes de faux nègres, vous maniaques, féroces, avares. Marchand, tu es nègre; magistrat, tu es nègre; général, tu es nègre; empereur, vieille démangeaison, tu es nègre : tu as bu d'une liqueur non taxée, de la fabrique de Satan. —

Ce peuple est inspiré par la fièvre et le cancer. Infirmes et vieillards sont tellement respectables qu'ils demandent à être bouillis. — Le plus malin est de quitter ce continent, où la folie rôde pour pourvoir d'otages ces misérables. J'entre au vrai royaume des enfants de Cham.

Connais-je encore la nature? me connais-je? — *Plus de mots.* J'ensevelis les morts dans mon ventre. Cris, tambour, danse, danse, danse, danse! Je ne vois même pas l'heure où, les blancs débarquant, je tomberai au néant.

Faim, soif, cris, danse, danse, danse, danse!

———

Les blancs débarquent. Le canon! Il faut se soumettre au baptême, s'habiller, travailler.

J'ai reçu au cœur le coup de la grâce. Ah! je ne l'avais pas prévu!

Je n'ai point fait le mal. Les jours vont m'être légers, le repentir me sera épargné. Je n'aurai pas eu les tourments de l'âme presque morte au bien, où remonte la lumière sévère comme les cierges funéraires. Le sort du fils de famille, cercueil prématuré couvert de limpides larmes. Sans doute la débauche est bête, le vice est bête; il faut jeter la pourriture à l'écart. Mais l'horloge ne sera pas arrivée à ne plus sonner que l'heure de la pure douleur! Vais-je être enlevé comme un enfant, pour jouer au paradis dans l'oubli de tout le malheur!

Vite! est-il d'autres vies? — Le sommeil dans la richesse est impossible. La richesse a toujours été bien public. L'amour divin seul octroie les clefs de la science. Je vois que la nature n'est qu'un spectacle de bonté. Adieu chimères, idéals, erreurs.

Le chant raisonnable des anges s'élève du navire sauveur : c'est l'amour divin. — Deux amours! je puis

mourir de l'amour terrestre, mourir de dévouement.
J'ai laissé des âmes dont la peine s'accroîtra de mon
départ! Vous me choisissez parmi les naufragés; ceux
qui restent sont-ils pas mes amis?

Sauvez-les!

La raison m'est née. Le monde est bon. Je bénirai la
vie. J'aimerai mes frères. Ce ne sont plus des promesses
d'enfance. Ni l'espoir d'échapper à la vieillesse et à la
mort. Dieu fait ma force, et je loue Dieu.

————

L'ennui n'est plus mon amour. Les rages, les
débauches, la folie, dont je sais tous les élans et les
désastres, — tout mon fardeau est déposé. Apprécions
sans vertige l'étendue de mon innocence.

Je ne serais plus capable de demander le réconfort
d'une bastonnade. Je ne me crois pas embarqué pour
une noce avec Jésus-Christ pour beau-père.

Je ne suis pas prisonnier de ma raison. J'ai dit :
Dieu. Je veux la liberté dans le salut : comment la
poursuivre? Les goûts frivoles m'ont quitté. Plus besoin
de dévouement ni d'amour divin. Je ne regrette pas
le siècle des cœurs sensibles. Chacun a sa raison, mépris
et charité : je retiens ma place au sommet de cette
angélique échelle de bon sens.

Quant au bonheur établi, domestique ou non... non,
je ne peux pas. Je suis trop dissipé, trop faible. La vie
fleurit par le travail, vieille vérité : moi, ma vie n'est pas
assez pesante, elle s'envole et flotte loin au-dessus de
l'action, ce cher point du monde.

Comme je deviens vieille fille, à manquer du courage
d'aimer la mort!

Si Dieu m'accordait le calme céleste, aérien, la prière,
— comme les anciens saints. — Les saints! des forts!

les anachorètes, des artistes comme il n'en faut plus!

Farce continuelle! Mon innocence me ferait pleurer. La vie est la farce à mener par tous.

———

Assez! voici la punition. — *En marche!*

Ah! les poumons brûlent, les tempes grondent! la nuit roule dans mes yeux, par ce soleil! le cœur... les membres...

Où va-t-on? au combat? Je suis faible! les autres avancent. Les outils, les armes... le temps!...

Feu! feu sur moi! Là! ou je me rends. — Lâches! — Je me tue! Je me jette aux pieds des chevaux!

Ah!...

— Je m'y habituerai.

Ce serait la vie française, le sentier de l'honneur!

NUIT DE L'ENFER[1]

J'ai avalé une fameuse gorgée de poison. — Trois fois béni soit le conseil qui m'est arrivé! — Les entrailles me brûlent. La violence du venin tord mes membres, me rend difforme, me terrasse. Je meurs de soif, j'étouffe, je ne puis crier. C'est l'enfer, l'éternelle peine! Voyez comme le feu se relève! Je brûle comme il faut. Va, démon!

J'avais entrevu la conversion au bien et au bonheur, le salut. Puis-je décrire la vision, l'air de l'enfer ne souffre pas les hymnes! C'était des millions de créatures charmantes, un suave concert spirituel, la force et la paix, les nobles ambitions, que sais-je?

Les nobles ambitions!

Et c'est encore la vie! — Si la damnation est éternelle! Un homme qui veut se mutiler est bien damné, n'est-ce pas? Je me crois en enfer, donc j'y suis. C'est l'exécution du catéchisme. Je suis esclave de mon baptême. Parents, vous avez fait mon malheur et vous avez fait le vôtre. Pauvre innocent! — L'enfer ne peut attaquer les païens. — C'est la vie encore! Plus tard, les délices de la damnation seront plus profondes. Un crime, vite, que je tombe au néant, de par la loi humaine.

Tais-toi, mais tais-toi!... C'est la honte, le reproche, ici : Satan qui dit que le feu est ignoble, que ma colère est affreusement sotte. — Assez!... Des erreurs qu'on me souffle, magies, parfums faux, musiques puériles. — Et dire que je tiens la vérité, que je vois la justice : j'ai un jugement sain et arrêté, je suis prêt pour la perfection... Orgueil. — La peau de ma tête se dessèche. Pitié! Seigneur, j'ai peur. J'ai soif, si soif! Ah! l'enfance, l'herbe, la pluie, le lac sur les pierres, *le clair de lune quand le clocher sonnait douze...* le diable est au clocher, à cette heure. Marie! Sainte-Vierge!... — Horreur de ma bêtise.

Là-bas, ne sont-ce pas des âmes honnêtes, qui me veulent du bien... Venez... J'ai un oreiller sur la bouche, elles ne m'entendent pas, ce sont des fantômes. Puis, jamais personne ne pense à autrui. Qu'on n'approche pas. Je sens le roussi, c'est certain.

Les hallucinations sont innombrables. C'est bien ce que j'ai toujours eu : plus de foi en l'histoire, l'oubli des principes. Je m'en tairai : poètes et visionnaires seraient jaloux. Je suis mille fois le plus riche, soyons avare comme la mer.

Ah çà! l'horloge de la vie s'est arrêtée tout à l'heure.

Je ne suis plus au monde. — La théologie est sérieuse,
l'enfer est certainement *en bas* — et le ciel en haut. —
Extase, cauchemar, sommeil dans un nid de flammes.

Que de malices dans l'attention dans la campagne...
Satan, Ferdinand[1], court avec les graines sauvages...
Jésus marche sur les ronces purpurines, sans les cour-
ber... Jésus marchait sur les eaux irritées. La lanterne
nous le montra debout, blanc et des tresses brunes, au
flanc d'une vague d'émeraude...

Je vais dévoiler tous les mystères : mystères religieux
ou naturels, mort, naissance, avenir, passé, cosmogonie,
néant. Je suis maître en fantasmagories.

Écoutez!...

J'ai tous les talents! — Il n'y a personne ici et il y a
quelqu'un : je ne voudrais pas répandre mon trésor.
— Veut-on des chants nègres, des danses de houris?
Veut-on que je disparaisse, que je plonge à la recherche
de l'*anneau*? Veut-on? Je ferai de l'or, des remèdes.

Fiez-vous donc à moi, la foi soulage, guide, guérit.
Tous, venez, — même les petits enfants, — que je vous
console, qu'on répande pour vous son cœur, — le cœur
merveilleux! — Pauvres hommes, travailleurs! Je ne
demande pas de prières; avec votre confiance seulement,
je serai heureux.

— Et pensons à moi. Ceci me fait peu regretter le
monde. J'ai de la chance de ne pas souffrir plus. Ma vie
ne fut que folies douces, c'est regrettable.

Bah! faisons toutes les grimaces imaginables.

Décidément, nous sommes hors´ du monde. Plus
aucun son. Mon tact a disparu. Ah! mon château, ma
Saxe, mon bois de saules. Les soirs, les matins, les nuits,
les jours... Suis-je las!

Je devrais avoir mon enfer pour la colère, mon enfer
pour l'orgueil, — et l'enfer de la caresse; un concert
d'enfers.

Je meurs de lassitude. C'est le tombeau, je m'en vais aux vers, horreur de l'horreur! Satan, farceur, tu veux me dissoudre, avec tes charmes. Je réclame. Je réclame! un coup de fourche, une goutte de feu.

Ah! remonter à la vie! Jeter les yeux sur nos difformités. Et ce poison, ce baiser mille fois maudit! Ma faiblesse, la cruauté du monde! Mon Dieu, pitié, cachez-moi, je me tiens trop mal! — Je suis caché et je ne le suis pas.

C'est le feu qui se relève avec son damné.

DÉLIRES

I

VIERGE FOLLE[1]

———

L'ÉPOUX INFERNAL

Écoutons la confession d'un compagnon d'enfer :

« Ô divin Époux, mon Seigneur, ne refusez pas la confession de la plus triste de vos servantes. Je suis perdue. Je suis soûle. Je suis impure. Quelle vie!

« Pardon, divin Seigneur, pardon! Ah! pardon! Que de larmes! Et que de larmes encore plus tard, j'espère!

« Plus tard, je connaîtrai le divin Époux! Je suis née soumise à Lui. — L'autre peut me battre maintenant!

« À présent, je suis au fond du monde! Ô mes amies!... non, pas mes amies... Jamais délires ni tortures semblables... Est-ce bête!

« Ah! je souffre, je crie. Je souffre vraiment. Tout pourtant m'est permis, chargée du mépris des plus méprisables cœurs.

« Enfin, faisons cette confidence, quitte à la répéter vingt autres fois, — aussi morne, aussi insignifiante!

« Je suis esclave de l'Époux infernal, celui qui a perdu les vierges folles. C'est bien ce démon-là. Ce n'est pas un spectre, ce n'est pas un fantôme. Mais moi qui ai perdu la sagesse, qui suis damnée et morte au monde, — on ne me tuera pas! — Comment vous le décrire! Je ne sais même plus parler. Je suis en deuil, je pleure, j'ai peur. Un peu de fraîcheur, Seigneur, si vous voulez, si vous voulez bien!

« Je suis veuve... — J'étais veuve... — mais oui, j'ai été bien sérieuse jadis, et je ne suis pas née pour devenir squelette!... — Lui était presque un enfant... Ses délicatesses mystérieuses m'avaient séduite. J'ai oublié tout mon devoir humain pour le suivre. Quelle vie! La vraie vie est absente. Nous ne sommes pas au monde. Je vais où il va, il le faut. Et souvent il s'emporte contre moi, *moi, la pauvre âme.* Le Démon! — C'est un Démon, vous savez, *ce n'est pas un homme.*

« Il dit : " Je n'aime pas les femmes. L'amour est à réinventer, on le sait. Elles ne peuvent plus que vouloir une position assurée. La position gagnée, cœur et beauté sont mis de côté : il ne reste que froid dédain, l'aliment du mariage, aujourd'hui. Ou bien je vois des femmes, avec les signes du bonheur, dont, moi, j'aurais pu faire de bonnes camarades, dévorées tout d'abord par des brutes sensibles comme des bûchers... "

« Je l'écoute faisant de l'infamie une gloire, de la cruauté un charme. " Je suis de race lointaine : mes pères étaient Scandinaves : ils se perçaient les côtes, buvaient leur sang. — Je me ferai des entailles partout le corps, je me tatouerai, je veux devenir hideux comme

un Mongol : tu verras, je hurlerai dans les rues. Je veux
devenir bien fou de rage. Ne me montre jamais de bijoux,
je ramperais et me tordrais sur le tapis. Ma richesse, je
la voudrais tachée de sang partout. Jamais je ne tra-
vaillerai... " Plusieurs nuits, son démon me saisissant,
nous nous roulions, je luttais avec lui! — Les nuits,
souvent, ivre, il se poste dans des rues ou dans des mai-
sons, pour m'épouvanter mortellement. — " On me
coupera vraiment le cou; ce sera dégoûtant. " Oh! ces
jours où il veut marcher avec l'air du crime!

« Parfois il parle, en une façon de patois attendri, de
la mort qui fait repentir, des malheureux qui existent
certainement, des travaux pénibles, des départs qui
déchirent les cœurs. Dans les bouges où nous nous eni-
vrions, il pleurait en considérant ceux qui nous entou-
raient, bétail de la misère. Il relevait les ivrognes dans
les rues noires. Il avait la pitié d'une mère méchante
pour les petits enfants. — Il s'en allait avec des gen-
tillesses de petite fille au catéchisme. — Il feignait d'être
éclairé sur tout, commerce, art, médecine. — Je le sui-
vais, il le faut!

« Je voyais tout le décor dont, en esprit, il s'entou-
rait; vêtements, draps, meubles : je lui prêtais des armes,
une autre figure. Je voyais tout ce qui le touchait,
comme il aurait voulu le créer pour lui. Quand il me
semblait avoir l'esprit inerte, je le suivais, moi, dans
des actions étranges et compliquées, loin, bonnes ou
mauvaises : j'étais sûre de ne jamais entrer dans son
monde. À côté de son cher corps endormi, que d'heures
des nuits j'ai veillé, cherchant pourquoi il voulait tant
s'évader de la réalité. Jamais homme n'eut pareil vœu.
Je reconnaissais, — sans craindre pour lui, — qu'il pou-
vait être un sérieux danger dans la société. — Il a peut-
être des secrets pour *changer la vie?* Non, il ne fait qu'en
chercher, me répliquais-je. Enfin sa charité est ensor-

celée, et j'en suis la prisonnière. Aucune autre âme
n'aurait assez de force, — force de désespoir! — pour
la supporter, — pour être protégée et aimée par lui.
D'ailleurs, je ne me le figurais pas avec une autre âme :
on voit son Ange, jamais l'Ange d'un autre, — je
crois. J'étais dans son âme comme dans un palais qu'on
a vidé pour ne pas voir une personne si peu noble que
vous : voilà tout. Hélas! je dépendais bien de lui. Mais
que voulait-il avec mon existence terne et lâche? Il ne
me rendait pas meilleure, s'il ne me faisait pas mourir!
Tristement dépitée, je lui dis quelquefois : " Je te
comprends. " Il haussait les épaules.

« Ainsi, mon chagrin se renouvelant sans cesse, et me
trouvant plus égarée à mes yeux, — comme à tous les
yeux qui auraient voulu me fixer, si je n'eusse été
condamnée pour jamais à l'oubli de tous! — j'avais de
plus en plus faim de sa bonté. Avec ses baisers et ses
étreintes amies, c'était bien un ciel, un sombre ciel, où
j'entrais, et où j'aurais voulu être laissée, pauvre, sourde,
muette, aveugle. Déjà j'en prenais l'habitude. Je nous
voyais comme deux bons enfants, libres de se promener
dans le Paradis de tristesse. Nous nous accordions.
Bien émus, nous travaillions ensemble. Mais, après une
pénétrante caresse, il disait : " Comme ça te paraîtra
drôle, quand je n'y serai plus, ce par quoi tu as passé.
Quand tu n'auras plus mes bras sous ton cou, ni mon
cœur pour t'y reposer, ni cette bouche sur tes yeux.
Parce qu'il faudra que je m'en aille, très loin, un jour.
Puis il faut que j'en aide d'autres : c'est mon devoir.
Quoique ce ne soit guère ragoûtant..., chère âme... "
Tout de suite je me pressentais, lui parti, en proie au
vertige, précipitée dans l'ombre la plus affreuse : la
mort. Je lui faisais promettre qu'il ne me lâcherait pas.
Il l'a faite vingt fois, cette promesse d'amant. C'était
aussi frivole que moi lui disant : " Je te comprends. "

« Ah! je n'ai jamais été jalouse de lui. Il ne me quittera pas, je crois. Que devenir? Il n'a pas une connaissance, il ne travaillera jamais. Il veut vivre somnambule. Seules, sa bonté et sa charité lui donneraient-elles droit dans le monde réel? Par instants, j'oublie la pitié où je suis tombée : lui me rendra forte, nous voyagerons, nous chasserons dans les déserts, nous dormirons sur les pavés des villes inconnues, sans soins, sans peines. Ou je me réveillerai, et les lois et les mœurs auront changé, — grâce à son pouvoir magique, — le monde, en restant le même, me laissera à mes désirs, joies, nonchalances. Oh! la vie d'aventures qui existe dans les livres des enfants, pour me récompenser, j'ai tant souffert, me la donneras-tu? Il ne peut pas. J'ignore son idéal. Il m'a dit avoir des regrets, des espoirs : cela ne doit pas me regarder. Parle-t-il à Dieu? Peut-être devrais-je m'adresser à Dieu. Je suis au plus profond de l'abîme, et je ne sais plus prier.

« S'il m'expliquait ses tristesses, les comprendrais-je plus que ses railleries? Il m'attaque, il passe des heures à me faire honte de tout ce qui m'a pu toucher au monde, et s'indigne si je pleure.

« "Tu vois cet élégant jeune homme, entrant dans la belle et calme maison : il s'appelle Duval, Dufour, Armand, Maurice, que sais-je? Une femme s'est dévouée à aimer ce méchant idiot : elle est morte, c'est certes une sainte au ciel, à présent. Tu me feras mourir comme il a fait mourir cette femme. C'est notre sort, à nous, cœurs charitables... " Hélas! il avait des jours où tous les hommes agissant lui paraissaient les jouets de délires grotesques : il riait affreusement, longtemps. — Puis, il reprenait ses manières de jeune mère, de sœur aimée. S'il était moins sauvage, nous serions sauvés! Mais sa douceur aussi est mortelle. Je lui suis soumise. — Ah! je suis folle!

« Un jour peut-être il disparaîtra merveilleusement;
mais il faut que je sache, s'il doit remonter à un ciel,
que je voie un peu l'assomption de mon petit ami! »
Drôle de ménage!

DÉLIRES

II

ALCHIMIE DU VERBE [1]

À moi. L'histoire d'une de mes folies.

Depuis longtemps je me vantais de posséder tous les
paysages possibles, et trouvais dérisoires les célébrités
de la peinture et de la poésie moderne.

J'aimais les peintures idiotes, dessus de portes, décors,
toiles de saltimbanques, enseignes, enluminures popu-
laires; la littérature démodée, latin d'église, livres éro-
tiques sans orthographe, romans de nos aïeules, contes
de fées, petits livres de l'enfance, opéras vieux, refrains
niais, rhythmes naïfs.

Je rêvais croisades, voyages de découvertes dont on
n'a pas de relations, républiques sans histoires, guerres
de religion étouffées, révolutions de mœurs, déplace-
ments de races et de continents : je croyais à tous les
enchantements.

J'inventai la couleur des voyelles! — *A* noir, *E* blanc,
I rouge, *O* bleu, *U* vert. — Je réglai la forme et le mou-
vement de chaque consonne, et, avec des rhythmes
instinctifs, je me flattai d'inventer un verbe poétique

accessible, un jour ou l'autre, à tous les sens. Je réservais
la traduction.

Ce fut d'abord une étude. J'écrivais des silences, des
nuits, je notais l'inexprimable. Je fixais des vertiges.

———

Loin des oiseaux, des troupeaux, des villageoises,
Que buvais-je, à genoux dans cette bruyère
Entourée de tendres bois de noisetiers,
Dans un brouillard d'après-midi tiède et vert?

Que pouvais-je boire dans cette jeune Oise,
— Ormeaux sans voix, gazon sans fleurs, ciel couvert! —
Boire à ces gourdes jaunes, loin de ma case
Chérie? Quelque liqueur d'or qui fait suer.

Je faisais une louche enseigne d'auberge.
— Un orage vint chasser le ciel. Au soir
L'eau des bois se perdait sur les sables vierges,
Le vent de Dieu jetait des glaçons aux mares;

Pleurant, je voyais de l'or — et ne pus boire. —

———

À quatre heures du matin, l'été,
Le sommeil d'amour dure encore.
Sous les bocages s'évapore
        L'odeur du soir fêté.

Là-bas, dans leur vaste chantier
Au soleil des Hespérides,
Déjà s'agitent — en bras de chemise —
        Les Charpentiers.

Dans leurs Déserts de mousse, tranquilles,
Ils préparent les lambris précieux
    Où la ville
    Peindra de faux cieux.

Ô, pour ces Ouvriers charmants
Sujets d'un roi de Babylone,
Vénus! quitte un instant les Amants
    Dont l'âme est en couronne.

    Ô Reine des Bergers,
Porte aux travailleurs l'eau-de-vie,
Que leurs forces soient en paix
En attendant le bain dans la mer à midi.

————

La vieillerie poétique avait une bonne part dans mon alchimie du verbe.

Je m'habituai à l'hallucination simple : je voyais très-franchement une mosquée à la place d'une usine, une école de tambours faite par des anges, des calèches sur les routes du ciel, un salon au fond d'un lac; les monstres, les mystères; un titre de vaudeville dressait des épouvantes devant moi.

Puis j'expliquai mes sophismes magiques avec l'hallucination des mots!

Je finis par trouver sacré le désordre de mon esprit. J'étais oisif, en proie à une lourde fièvre : j'enviais la félicité des bêtes, — les chenilles, qui représentent l'innocence des limbes, les taupes, le sommeil de la virginité!

Mon caractère s'aigrissait. Je disais adieu au monde dans d'espèces de romances :

CHANSON DE LA PLUS HAUTE TOUR

Qu'il vienne, qu'il vienne,
Le temps dont on s'éprenne.

J'ai tant fait patience
Qu'à jamais j'oublie.
Craintes et souffrances
Aux cieux sont parties.
Et la soif malsaine
Obscurcit mes veines.

Qu'il vienne, qu'il vienne,
Le temps dont on s'éprenne.

Telle la prairie
À l'oubli livrée,
Grandie, et fleurie
D'encens et d'ivraies,
Au bourdon farouche
Des sales mouches.

Qu'il vienne, qu'il vienne,
Le temps dont on s'éprenne.

J'aimai le désert, les vergers brûlés, les boutiques
fanées, les boissons tiédies. Je me traînais dans les ruelles
puantes et, les yeux fermés, je m'offrais au soleil, dieu
de feu.

« Général, s'il reste un vieux canon sur tes remparts
en ruines, bombarde-nous avec des blocs de terre sèche.
Aux glaces des magasins splendides! dans les salons!
Fais manger sa poussière à la ville. Oxyde les gargouilles.

Emplis les boudoirs de poudre de rubis brûlante... »
Oh! le moùcheron enivré à la pissotière de l'auberge,
amoureux de la bourrache, et que dissout un rayon!

FAIM

Si j'ai du goût, ce n'est guère
Que pour la terre et les pierres.
Je déjeune toujours d'air,
De roc, de charbons, de fer.

Mes faims, tournez. Paissez, faims,
    Le pré des sons.
Attirez le gai venin
    Des liserons.

Mangez les cailloux qu'on brise,
Les vieilles pierres d'églises;
Les galets des vieux déluges,
Pains semés dans les vallées grises.

———

Le loup criait sous les feuilles
En crachant les belles plumes
De son repas de volailles :
Comme lui je me consume.

Les salades, les fruits
N'attendent que la cueillette;
Mais l'araignée de la haie
Ne mange que des violettes.

Que je dorme! que je bouille
Aux autels de Salomon.
Le bouillon court sur la rouille,
Et se mêle au Cédron[1].

Enfin, ô bonheur, ô raison, j'écartai du ciel l'azur, qui est du noir, et je vécus, étincelle d'or de la lumière *nature*. De joie, je prenais une expression bouffonne et égarée au possible :

Elle est retrouvée!
Quoi? l'éternité.
C'est la mer mêlée
        Au soleil.

Mon âme éternelle,
Observe ton vœu
Malgré la nuit seule
Et le jour en feu.

Donc tu te dégages
Des humains suffrages,
Des communs élans!
Tu voles selon...

— Jamais l'espérance.
        Pas d'*orietur*.
Science et patience,
Le supplice est sûr.

Plus de lendemain,
Braises de satin,
        Votre ardeur
        Est le devoir.

Elle est retrouvée!
— Quoi? — l'Éternité.
C'est la mer mêlée
    Au soleil.

———

Je devins un opéra fabuleux : je vis que tous les êtres
ont une fatalité de bonheur : l'action n'est pas la vie,
mais une façon de gâcher quelque force, un énervement.
La morale est la faiblesse de la cervelle.

À chaque être, plusieurs *autres* vies me semblaient
dues. Ce monsieur ne sait ce qu'il fait : il est un ange.
Cette famille est une nichée de chiens. Devant plusieurs
hommes, je causai tout haut avec un moment d'une de
leurs autres vies. — Ainsi, j'ai aimé un porc.

Aucun des sophismes de la folie, — la folie qu'on
enferme, — n'a été oublié par moi : je pourrais les redire
tous, je tiens le système.

Ma santé fut menacée. La terreur venait. Je tombais
dans des sommeils de plusieurs jours, et, levé, je conti-
nuais les rêves les plus tristes. J'étais mûr pour le
trépas, et par une route de dangers ma faiblesse me
menait aux confins du monde et de la Cimmérie, patrie
de l'ombre et des tourbillons.

Je dus voyager, distraire les enchantements assemblés
sur mon cerveau. Sur la mer, que j'aimais comme si elle
eût dû me laver d'une souillure, je voyais se lever la
croix consolatrice. J'avais été damné par l'arc-en-ciel.
Le Bonheur était ma fatalité, mon remords, mon ver :
ma vie serait toujours trop immense pour être dévouée
à la force et à la beauté.

Le Bonheur! Sa dent, douce à la mort, m'avertissait
au chant du coq, — *ad matutinum*, au *Christus venit*, —
dans les plus sombres villes :

Ô saisons, ô châteaux !
Quelle âme est sans défauts ?

J'ai fait la magique étude
Du bonheur, qu'aucun n'élude.

Salut à lui, chaque fois
Que chante le coq gaulois.

Ah ! je n'aurai plus d'envie :
Il s'est chargé de ma vie.

Ce charme a pris âme et corps
Et dispersé les efforts.

Ô saisons, ô châteaux !

L'heure de sa fuite, hélas !
Sera l'heure du trépas.

Ô saisons, ô châteaux !

———

Cela s'est passé. Je sais aujourd'hui saluer la beauté.

L'IMPOSSIBLE [1]

Ah ! cette vie de mon enfance, la grande route par tous les temps, sobre surnaturellement, plus désintéressé que le meilleur des mendiants, fier de n'avoir ni pays, ni amis, quelle sottise c'était. — Et je m'en aperçois seulement !

— J'ai eu raison de mépriser ces bonshommes qui ne perdraient pas l'occasion d'une caresse, parasites de la propreté et de la santé de nos femmes, aujourd'hui qu'elles sont si peu d'accord avec nous.

J'ai eu raison dans tous mes dédains : puisque je m'évade!

Je m'évade!

Je m'explique.

Hier encore, je soupirais : « Ciel! sommes-nous assez de damnés ici-bas! Moi j'ai tant de temps déjà dans leur troupe! Je les connais tous. Nous nous reconnaissons toujours; nous nous dégoûtons. La charité nous est inconnue. Mais nous sommes polis; nos relations avec le monde sont très-convenables. » Est-ce étonnant? Le monde! les marchands, les naïfs! — Nous ne sommes pas déshonorés. — Mais les élus, comment nous recevraient-ils? Or il y a des gens hargneux et joyeux, de faux élus, puisqu'il nous faut de l'audace ou de l'humilité pour les aborder. Ce sont les seuls élus. Ce ne sont pas des bénisseurs!

M'étant retrouvé deux sous de raison — ça passe vite! — je vois que mes malaises viennent de ne m'être pas figuré assez tôt que nous sommes à l'Occident. Les marais occidentaux! Non que je croie la lumière altérée, la forme exténuée, le mouvement égaré... Bon! voici que mon esprit veut absolument se charger de tous les développements cruels qu'a subis l'esprit depuis la fin de l'Orient... Il en veut, mon esprit!

... Mes deux sous de raison sont finis! — L'esprit est autorité, il veut que je sois en Occident. Il faudrait le faire taire pour conclure comme je voulais.

J'envoyais au diable les palmes des martyrs, les rayons de l'art, l'orgueil des inventeurs, l'ardeur des pillards; je retournais à l'Orient et à la sagesse première et éternelle. — Il paraît que c'est un rêve de paresse grossière!

Pourtant, je ne songeais guère au plaisir d'échapper aux souffrances modernes. Je n'avais pas en vue la sagesse bâtarde du Coran. — Mais n'y a-t-il pas un supplice réel en ce que, depuis cette déclaration de la science, le christianisme, l'homme *se joue*, se prouve les évidences, se gonfle du plaisir de répéter ces preuves, et ne vit que comme cela! Torture subtile, niaise; source de mes divagations spirituelles. La nature pourrait s'ennuyer, peut-être! M. Prudhomme est né avec le Christ.

N'est-ce pas parce que nous cultivons la brume! Nous mangeons la fièvre avec nos légumes aqueux. Et l'ivrognerie! et le tabac! et l'ignorance! et les dévouements! — Tout cela est-il assez loin de la pensée de la sagesse de l'Orient, la patrie primitive? Pourquoi un monde moderne, si de pareils poisons s'inventent!

Les gens d'Église diront : C'est compris. Mais vous voulez parler de l'Éden. Rien pour vous dans l'histoire des peuples orientaux. — C'est vrai; c'est à l'Éden que je songeais! Qu'est-ce que c'est pour mon rêve, cette pureté des races antiques!

Les philosophes : Le monde n'a pas d'âge. L'humanité se déplace, simplement. Vous êtes en Occident, mais libre d'habiter dans votre Orient, quelque ancien qu'il vous le faille, — et d'y habiter bien. Ne soyez pas un vaincu. Philosophes, vous êtes de votre Occident.

Mon esprit, prends garde. Pas de partis de salut violents. Exerce-toi! — Ah! la science ne va pas assez vite pour nous!

— Mais je m'aperçois que mon esprit dort.

S'il était bien éveillé toujours à partir de ce moment, nous serions bientôt à la vérité, qui peut-être nous entoure avec ses anges pleurant!... — S'il avait été éveillé jusqu'à ce moment-ci, c'est que je n'aurais pas cédé aux instincts délétères, à une époque immémoriale!... —

S'il avait toujours été bien éveillé, je voguerais en pleine
sagesse!...

Ô pureté! pureté!

C'est cette minute d'éveil qui m'a donné la vision de
la pureté! — Par l'esprit on va à Dieu!

Déchirante infortune!

L'ÉCLAIR[1]

Le travail humain! c'est l'explosion qui éclaire mon
abîme de temps en temps.

« Rien n'est vanité; à la science, et en avant! » crie
l'Ecclésiaste moderne, c'est-à-dire *Tout le monde*. Et
pourtant les cadavres des méchants et des fainéants
tombent sur le cœur des autres... Ah! vite, vite un peu;
là-bas, par delà la nuit, ces récompenses futures, éter-
nelles... les échappons-nous?...

— Qu'y puis-je? Je connais le travail; et la science
est trop lente. Que la prière galope et que la lumière
gronde... je le vois bien. C'est trop simple, et il fait trop
chaud; on se passera de moi. J'ai mon devoir, j'en serai
fier à la façon de plusieurs, en le mettant de côté.

Ma vie est usée. Allons! feignons, fainéantons, ô
pitié! Et nous existerons en nous amusant, en rêvant
amours monstres et univers fantastiques, en nous plai-
gnant et en querellant les apparences du monde, saltim-
banque, mendiant, artiste, bandit, — prêtre! Sur mon
lit d'hôpital, l'odeur de l'encens m'est revenue si puis-
sante; gardien des aromates sacrés, confesseur, martyr...

Je reconnais là ma sale éducation d'enfance. Puis
quoi!... Aller mes vingt ans, si les autres vont vingt ans...

Non! Non! à présent je me révolte contre la mort!
Le travail paraît trop léger à mon orgueil : ma trahison
au monde serait un supplice trop court. Au dernier
moment, j'attaquerais à droite, à gauche...

Alors, — oh! — chère pauvre âme, l'éternité serait-
elle pas perdue pour nous!

MATIN[1]

N'eus-je pas *une fois* une jeunesse aimable, héroïque,
fabuleuse, à écrire sur des feuilles d'or, — trop de
chance! Par quel crime, par quelle erreur, ai-je mérité
ma faiblesse actuelle? Vous qui prétendez que des bêtes
poussent des sanglots de chagrin, que des malades
désespèrent, que des morts rêvent mal, tâchez de racon-
ter ma chute et mon sommeil. Moi, je ne puis pas plus
m'expliquer que le mendiant avec ses continuels *Pater*
et *Ave Maria. Je ne sais plus parler !*

Pourtant, aujourd'hui, je crois avoir fini la relation
de mon enfer. C'était bien l'enfer; l'ancien, celui dont le
fils de l'homme ouvrit les portes.

Du même désert, à la même nuit, toujours mes yeux
las se réveillent à l'étoile d'argent, toujours, sans que
s'émeuvent les Rois de la vie, les trois mages, le cœur,
l'âme, l'esprit. Quand irons-nous, par delà les grèves
et les monts, saluer la naissance du travail nouveau, la
sagesse nouvelle, la fuite des tyrans et des démons, la
fin de la superstition, adorer — les premiers! — Noël
sur la terre!

Le chant des cieux, la marche des peuples! Esclaves,
ne maudissons pas la vie.

ADIEU[1]

L'automne déjà! — Mais pourquoi regretter un éternel soleil, si nous sommes engagés à la découverte de la clarté divine, — loin des gens qui meurent sur les saisons.

L'automne. Notre barque élevée dans les brumes immobiles tourne vers le port de la misère, la cité énorme au ciel taché de feu et de boue. Ah! les haillons pourris, le pain trempé de pluie, l'ivresse, les mille amours qui m'ont crucifié! Elle ne finira donc point cette goule reine de millions d'âmes et de corps morts *et qui seront jugés!* Je me revois la peau rongée par la boue et la peste, des vers plein les cheveux et les aisselles et encore de plus gros vers dans le cœur, étendu parmi les inconnus sans âge, sans sentiment... J'aurais pu y mourir... L'affreuse évocation! J'exècre la misère.

Et je redoute l'hiver parce que c'est la saison du comfort!

— Quelquefois je vois au ciel des plages sans fin couvertes de blanches nations en joie. Un grand vaisseau d'or, au-dessus de moi, agite ses pavillons multicolores sous les brises du matin. J'ai créé toutes les fêtes, tous les triomphes, tous les drames. J'ai essayé d'inventer de nouvelles fleurs, de nouveaux astres, de nouvelles chairs, de nouvelles langues. J'ai cru acquérir des pouvoirs surnaturels. Eh bien! je dois enterrer mon imagination et mes souvenirs! Une belle gloire d'artiste et de conteur emportée!

Moi! moi qui me suis dit mage ou ange, dispensé de toute morale, je suis rendu au sol, avec un devoir à chercher, et la réalité rugueuse à étreindre! Paysan!

Suis-je trompé? la charité serait-elle sœur de la mort, pour moi?

Enfin, je demanderai pardon pour m'être nourri de mensonge. Et allons.

Mais pas une main amie! et où puiser le secours?

———

Oui, l'heure nouvelle est au moins très-sévère.

Car je puis dire que la victoire m'est acquise : les grincements de dents, les sifflements de feu, les soupirs empestés se modèrent. Tous les souvenirs immondes s'effacent. Mes derniers regrets détalent, — des jalousies pour les mendiants, les brigands, les amis de la mort, les arriérés de toutes sortes. — Damnés, si je me vengeais!

Il faut être absolument moderne.

Point de cantiques : tenir le pas gagné. Dure nuit! le sang séché fume sur ma face, et je n'ai rien derrière moi, que cet horrible arbrisseau!... Le combat spirituel est aussi brutal que la bataille d'hommes; mais la vision de la justice est le plaisir de Dieu seul.

Cependant, c'est la veille. Recevons tous les influx de vigueur et de tendresse réelle. Et à l'aurore, armés d'une ardente patience, nous entrerons aux splendides villes.

Que parlais-je de main amie! Un bel avantage, c'est que je puis rire des vieilles amours mensongères, et frapper de honte ces couples menteurs, — j'ai vu l'enfer des femmes là-bas; — et il me sera loisible de *posséder la vérité dans une âme et un corps.*

Avril-août 1873.

Illuminations

APRÈS LE DÉLUGE[1]

Aussitôt que l'idée[2] du Déluge se fut rassise,

Un lièvre s'arrêta dans les sainfoins et les clochettes mouvantes et dit sa prière à l'arc-en-ciel à travers la toile de l'araignée.

Oh! les pierres précieuses qui se cachaient, — les fleurs qui regardaient déjà.

Dans la grande rue sale les étals se dressèrent, et l'on tira les barques vers la mer étagée là-haut comme sur les gravures.

Le sang coula, chez Barbe-Bleue, — aux abattoirs, — dans les cirques, où le sceau de Dieu blêmit les fenêtres. Le sang et le lait coulèrent.

Les castors bâtirent, les « mazagrans[3] » fumèrent dans les estaminets.

Dans la grande maison de vitres encore ruisselante les enfants en deuil regardèrent les merveilleuses images.

Une porte claqua, — et sur la place du hameau, l'enfant tourna ses bras, compris des girouettes et des coqs des clochers de partout, sous l'éclatante giboulée.

Madame *** établit un piano dans les Alpes. La

messe et les premières communions se célébrèrent aux
cent mille autels de la cathédrale.

Les caravanes partirent. Et le Splendide-Hôtel fut
bâti dans le chaos de glaces et de nuit du pôle.

Depuis lors, la Lune entendit les chacals piaulant par
les déserts de thym, — et les églogues en sabots grognant
dans le verger. Puis, dans la futaie violette, bourgeon-
nante, Eucharis [1] me dit que c'était le printemps.

— Sourds, étang, — Écume, roule sur le pont et par-
dessus les bois; — draps noirs et orgues, — éclairs et
tonnerre, — montez et roulez; — Eaux et tristesses,
montez et relevez les Déluges.

Car depuis qu'ils se sont dissipés, — oh les pierres
précieuses s'enfouissant, et les fleurs ouvertes! — c'est
un ennui! et la Reine, la Sorcière qui allume sa braise
dans le pot de terre, ne voudra jamais nous raconter ce
qu'elle sait, et que nous ignorons.

ENFANCE [2]

I

Cette idole, yeux noirs et crin jaune, sans parents ni
cour, plus noble que la fable, mexicaine et flamande;
son domaine, azur et verdure insolents, court sur des
plages nommées, par des vagues sans vaisseaux, de noms
férocement grecs, slaves, celtiques.

À la lisière de la forêt — les fleurs de rêve tintent,
éclatent, éclairent, — la fille à lèvre d'orange, les genoux
croisés dans le clair déluge qui sourd des prés, nudité
qu'ombrent, traversent et habillent les arcs-en-ciel, la
flore, la mer.

Dames qui tournoient sur les terrasses voisines de la mer; enfantes [1] et géantes, superbes noires dans la mousse vert-de-gris, bijoux debout sur le sol gras des bosquets et des jardinets dégelés, — jeunes mères et grandes sœurs aux regards pleins de pèlerinages, sultanes, princesses de démarche et de costume tyranniques, petites étrangères et personnes doucement malheureuses.

Quel ennui, l'heure du « cher corps » et « cher cœur ».

II

· C'est elle, la petite morte, derrière les rosiers. — La jeune maman trépassée descend le perron. — La calèche du cousin crie sur le sable. — Le petit frère (il est aux Indes!) là, devant le couchant, sur le pré d'œillets. — Les vieux qu'on a enterrés tout droits dans le rempart aux giroflées.

L'essaim des feuilles d'or entoure la maison du général. Ils sont dans le midi. — On suit la route rouge pour arriver à l'auberge vide. Le château est à vendre; les persiennes sont détachées. — Le curé aura emporté la clef de l'église. — Autour du parc, les loges des gardes sont inhabitées. Les palissades sont si hautes qu'on ne voit que les cimes bruissantes. D'ailleurs il n'y a rien à voir là-dedans.

Les prés remontent aux hameaux sans coqs, sans enclumes. L'écluse est levée. Ô les Calvaires et les moulins du désert, les îles et les meules!

Des fleurs magiques bourdonnaient. Les talus le berçaient. Des bêtes d'une élégance fabuleuse circulaient. Les nuées s'amassaient sur la haute mer faite d'une éternité de chaudes larmes.

III

Au bois il y a un oiseau, son chant vous arrête et vous fait rougir.

Il y a une horloge qui ne sonne pas.

Il y a une fondrière avec un nid de bêtes blanches.

Il y a une cathédrale qui descend et un lac qui monte.

Il y a une petite voiture abandonnée dans le taillis, ou qui descend le sentier en courant, enrubannée.

Il y a une troupe de petits comédiens en costumes, aperçus sur la route à travers la lisière du bois.

Il y a enfin, quand l'on a faim et soif, quelqu'un qui vous chasse.

IV

Je suis le saint, en prière sur la terrasse, — comme les bêtes pacifiques paissent jusqu'à la mer de Palestine.

Je suis le savant au fauteuil sombre. Les branches et la pluie se jettent à la croisée de la bibliothèque.

Je suis le piéton de la grand'route par les bois nains; la rumeur des écluses couvre mes pas. Je vois longtemps la mélancolique lessive d'or du couchant.

Je serais bien l'enfant abandonné sur la jetée partie à la haute mer, le petit valet suivant l'allée dont le front touche le ciel.

Les sentiers sont âpres. Les monticules se couvrent de genêts. L'air est immobile. Que les oiseaux et les sources sont loin! Ce ne peut être que la fin du monde, en avançant.

v

Qu'on me loue enfin ce tombeau, blanchi à la chaux avec les lignes du ciment en relief — très loin sous terre.

Je m'accoude à la table, la lampe éclaire très vivement ces journaux que je suis idiot de relire, ces livres sans intérêt. —

À une distance énorme au-dessus de mon salon souterrain, les maisons s'implantent, les brumes s'assemblent. La boue est rouge ou noire. Ville monstrueuse, nuit sans fin!

Moins haut, sont des égouts. Aux côtés, rien que l'épaisseur du globe. Peut-être les gouffres d'azur, des puits de feu. C'est peut-être sur ces plans que se rencontrent lunes et comètes, mers et fables.

Aux heures d'amertume je m'imagine des boules de saphir, de métal. Je suis maître du silence. Pourquoi une apparence de soupirail blêmirait-elle au coin de la voûte?

CONTE[1]

Un Prince était vexé de ne s'être employé jamais qu'à la perfection des générosités vulgaires. Il prévoyait d'étonnantes révolutions de l'amour, et soupçonnait ses femmes de pouvoir mieux que cette complaisance agrémentée de ciel et de luxe. Il voulait voir la vérité, l'heure du désir et de la satisfaction essentiels. Que ce fût ou non une aberration de piété, il voulut. Il possédait au moins un assez large pouvoir humain.

Toutes les femmes qui l'avaient connu furent assassinées. Quel saccage du jardin de la beauté! Sous le sabre, elles le bénirent. Il n'en commanda point de nouvelles. — Les femmes réapparurent.

Il tua tous ceux qui le suivaient, après la chasse ou les libations. — Tous le suivaient.

Il s'amusa à égorger les bêtes de luxe. Il fit flamber les palais. Il se ruait sur les gens et les taillait en pièces. — La foule, les toits d'or, les belles bêtes existaient encore.

Peut-on s'extasier dans la destruction, se rajeunir par la cruauté! Le peuple ne murmura pas. Personne n'offrit le concours de ses vues.

Un soir il galopait fièrement. Un Génie apparut, d'une beauté ineffable, inavouable même. De sa physionomie et de son maintien ressortait la promesse d'un amour multiple et complexe! d'un bonheur indicible, insupportable même! Le Prince et le Génie s'anéantirent probablement dans la santé essentielle. Comment n'auraient-ils pas pu en mourir? Ensemble donc ils moururent.

Mais ce Prince décéda, dans son palais, à un âge ordinaire. Le Prince était le Génie. Le Génie était le Prince.

La musique savante manque à notre désir.

PARADE[1]

Des drôles très solides. Plusieurs ont exploité vos mondes. Sans besoins, et peu pressés de mettre en œuvre leurs brillantes facultés et leur expérience de vos consciences. Quels hommes mûrs! Des yeux hébétés à la façon de la nuit d'été, rouges et noirs, tricolores, d'acier piqué d'étoiles d'or; des facies déformés, plombés, blêmis, incendiés; des enrouements folâtres! La démarche cruelle des oripeaux! — Il y a quelques jeunes, — comment regarderaient-ils Chérubin[2]? — pourvus de voix effrayantes et de quelques ressources dangereuses. On les envoie prendre du dos en ville, affublés d'un *luxe* dégoûtant.

Ô le plus violent Paradis de la grimace enragée! Pas de comparaison avec vos Fakirs et les autres bouffonneries scéniques. Dans des costumes improvisés avec le goût du mauvais rêve ils jouent des complaintes, des tragédies de malandrins et de demi-dieux spirituels comme l'histoire ou les religions ne l'ont jamais été. Chinois, Hottentots, bohémiens, niais, hyènes, Molochs, vieilles démences, démons sinistres, ils mêlent les tours populaires, maternels, avec les poses et les tendresses bestiales. Ils interpréteraient des pièces nouvelles et des chansons « bonnes filles ». Maîtres jongleurs, ils transforment le lieu et les personnes et usent de la comédie

magnétique. Les yeux flambent, le sang chante, les os
s'élargissent, les larmes et des filets rouges ruissellent.
Leur raillerie ou leur terreur dure une minute, ou des
mois entiers.

J'ai seul la clef de cette parade sauvage.

ANTIQUE[1]

Gracieux fils de Pan! Autour de ton front couronné
de fleurettes et de baies tes yeux, des boules précieuses,
remuent. Tachées de lies brunes, tes joues se creusent.
Tes crocs luisent. Ta poitrine ressemble à une cithare,
des tintements circulent dans tes bras blonds. Ton cœur
bat dans ce ventre où dort le double sexe. Promène-
toi, la nuit, en mouvant doucement cette cuisse, cette
seconde cuisse et cette jambe de gauche.

BEING BEAUTEOUS[2]

Devant une neige un Être de Beauté de haute taille.
Des sifflements de mort et des cercles de musique
sourde font monter, s'élargir et trembler comme un
spectre ce corps adoré; des blessures écarlates et noires
éclatent dans les chairs superbes. Les couleurs propres
de la vie se foncent, dansent, et se dégagent autour de
la Vision, sur le chantier. Et les frissons s'élèvent et
grondent, et la saveur forcenée de ces effets se chargeant

avec les sifflements mortels et les rauques musiques que
le monde, loin derrière nous, lance sur notre mère de
beauté, — elle recule, elle se dresse. Oh! nos os sont
revêtus d'un nouveau corps amoureux.

★ ★ ★

Ô la face cendrée, l'écusson de crin, les bras de cristal!
Le canon sur lequel je dois m'abattre à travers la mêlée
des arbres et de l'air léger!

VIES[1]

I

Ô les énormes avenues du pays saint, les terrasses du
temple! Qu'a-t-on fait du brahmane qui m'expliqua les
Proverbes? D'alors, de là-bas, je vois encore même les
vieilles! Je me souviens des heures d'argent et de soleil
vers les fleuves, la main de la campagne[2] sur mon
épaule, et de nos caresses debout dans les plaines poi-
vrées. — Un envol de pigeons écarlates tonne autour
de ma pensée. — Exilé ici, j'ai eu une scène où jouer les
chefs-d'œuvre dramatiques de toutes les littératures.
Je vous indiquerais les richesses inouïes. J'observe
l'histoire des trésors que vous trouvâtes. Je vois la
suite! Ma sagesse est aussi dédaignée que le chaos.
Qu'est mon néant, auprès de la stupeur qui vous attend?

II

Je suis un inventeur bien autrement méritant que
tous ceux qui m'ont précédé; un musicien même, qui
ai trouvé quelque chose comme la clef de l'amour. À
présent, gentilhomme d'une campagne aigre au ciel
sobre, j'essaye de m'émouvoir au souvenir de l'enfance
mendiante, de l'apprentissage ou de l'arrivée en sabots,
des polémiques, des cinq ou six veuvages, et quelques
noces où ma forte tête m'empêcha de monter au dia-
pason des camarades. Je ne regrette pas ma vieille
part de gaîté divine : l'air sobre de cette aigre campagne
alimente fort activement mon atroce scepticisme. Mais
comme ce scepticisme ne peut désormais être mis en
œuvre, et que d'ailleurs je suis dévoué à un trouble
nouveau, — j'attends de devenir un très méchant fou.

III

Dans un grenier où je fus enfermé à douze ans j'ai
connu le monde, j'ai illustré la comédie humaine. Dans
un cellier j'ai appris l'histoire. À quelque fête de nuit
dans une cité du Nord, j'ai rencontré toutes les femmes
des anciens peintres. Dans un vieux passage à Paris on
m'a enseigné les sciences classiques. Dans une magni-
fique demeure cernée par l'Orient entier j'ai accompli
mon immense œuvre et passé mon illustre retraite. J'ai
brassé mon sang. Mon devoir m'est remis. Il ne faut
même plus songer à cela. Je suis réellement d'outre-
tombe [1], et pas de commissions.

DÉPART[1]

Assez vu. La vision s'est rencontrée à tous les airs.

Assez eu. Rumeurs des villes, le soir, et au soleil, et toujours.

Assez connu. Les arrêts de la vie. — Ô Rumeurs et Visions!

Départ dans l'affection et le bruit neufs!

ROYAUTÉ[2]

Un beau matin, chez un peuple fort doux, un homme et une femme superbes criaient sur la place publique. « Mes amis, je veux qu'elle soit reine! » « Je veux être reine! » Elle riait et tremblait. Il parlait aux amis de révélation, d'épreuve terminée. Ils se pâmaient l'un contre l'autre.

En effet ils furent rois toute une matinée où les tentures carminées se relevèrent sur les maisons, et toute l'après-midi, où ils s'avancèrent du côté des jardins de palmes.

À UNE RAISON[1]

Un coup de ton doigt sur le tambour décharge tous les sons et commence la nouvelle harmonie.

Un pas de toi, c'est la levée des nouveaux hommes et leur en-marche.

Ta tête se détourne : le nouvel amour! Ta tête se retourne, — le nouvel amour!

« Change nos lots, crible les fléaux, à commencer par le temps », te chantent ces enfants. « Élève n'importe où la substance de nos fortunes et de nos vœux » on t'en prie.

Arrivée de toujours, qui t'en iras partout.

MATINÉE D'IVRESSE[2]

Ô mon Bien! Ô mon Beau! Fanfare atroce où je ne trébuche point! Chevalet[3] féerique! Hourra pour l'œuvre inouïe et pour le corps merveilleux, pour la première fois! Cela commença sous les rires des enfants, cela finira par eux. Ce poison va rester dans toutes nos veines même quand, la fanfare tournant, nous serons rendus à l'ancienne inharmonie. Ô maintenant nous si digne[4] de ces tortures! rassemblons fervemment cette promesse surhumaine faite à notre corps et à notre âme créés : cette promesse, cette démence! L'élégance, la science, la violence! On nous a promis d'enterrer dans l'ombre l'arbre du bien et du mal, de déporter les honnêtetés tyranniques, afin que nous amenions notre très pur amour. Cela commença par quelques dégoûts et cela finit, — ne pouvant nous saisir sur-le-champ de cette éternité, — cela finit par une débandade de parfums.

Rire des enfants, discrétion des esclaves, austérité des vierges, horreur des figures et des objets d'ici, sacrés soyez-vous par le souvenir de cette veille. Cela commençait par toute la rustrerie, voici que cela finit par des anges de flamme et de glace.

Petite veille d'ivresse, sainte! quand ce ne serait que pour le masque dont tu nous as gratifié. Nous t'affirmons, méthode! Nous n'oublions pas que tu as glorifié hier chacun de nos âges. Nous avons foi au poison. Nous savons donner notre vie tout entière tous les jours.

Voici le temps des *Assassins* [1].

PHRASES [2]

Quand le monde sera réduit en un seul bois noir pour nos quatre yeux étonnés, — en une plage pour deux enfants fidèles, — en une maison musicale pour notre claire sympathie, — je vous trouverai.

Qu'il n'y ait ici-bas qu'un vieillard seul, calme et beau, entouré d'un « luxe inouï », — et je suis à vos genoux.

Que j'aie réalisé tous vos souvenirs, — que je sois
celle qui sais vous garrotter, — je vous étoufferai.

———

Quand nous sommes très forts, — qui recule? très
gais, — qui tombe de ridicule? Quand nous sommes
très méchants, — que ferait-on de nous?

Parez-vous, dansez, riez. — Je ne pourrai jamais
envoyer l'Amour par la fenêtre.

———

— Ma camarade, mendiante, enfant monstre! comme
ça t'est égal, ces malheureuses et ces manœuvres, et mes
embarras. Attache-toi à nous avec ta voix impossible, ta
voix ! unique flatteur de ce vil désespoir.

☆

Une matinée couverte, en Juillet. Un goût de cendres
vole dans l'air; — une odeur de bois suant dans l'âtre,
— les fleurs rouies [1] — le saccage des promenades —
la bruine des canaux par les champs — pourquoi pas
déjà les joujoux et l'encens?

✳ ✳ ✳

J'ai tendu des cordes de clocher à clocher; des guir-
landes de fenêtre à fenêtre; des chaînes d'or d'étoile à
étoile, et je danse.

✳ ✳ ✳

Le haut étang fume continuellement. Quelle sorcière va se dresser sur le couchant blanc? Quelles violettes frondaisons vont descendre?

★ ★ ★

Pendant que les fonds publics s'écoulent en fêtes de fraternité, il sonne une cloche de feu rose dans les nuages [1].

★ ★ ★

Avivant un agréable goût d'encre de Chine une poudre noire pleut doucement sur ma veillée. — Je baisse les feux du lustre, je me jette sur le lit, et tourné du côté de l'ombre je vous vois, mes filles! mes reines [2]!

★ ★ ★

OUVRIERS [3]

Ô cette chaude matinée de février. Le Sud [4] inopportun vint relever nos souvenirs d'indigents absurdes, notre jeune misère.

Henrika avait une jupe de coton à carreau blanc et brun, qui a dû être portée au siècle dernier, un bonnet à rubans, et un foulard de soie. C'était bien plus triste qu'un deuil. Nous faisions un tour dans la banlieue. Le temps était couvert, et ce vent du Sud excitait toutes les vilaines odeurs des jardins ravagés et des prés desséchés.

Cela ne devait pas fatiguer ma femme au même point que moi. Dans une flache [1] laissée par l'inondation du mois précédent à un sentier assez haut elle me fit remarquer de très petits poissons.

La ville, avec sa fumée et ses bruits de métiers, nous suivait très loin dans les chemins. Ô l'autre monde, l'habitation bénie par le ciel et les ombrages! Le Sud me rappelait les misérables incidents de mon enfance, mes désespoirs d'été, l'horrible quantité de force et de science que le sort a toujours éloignée de moi. Non! nous ne passerons pas l'été dans cet avare pays où nous ne serons jamais que des orphelins fiancés. Je veux que ce bras durci ne traîne plus *une chère image.*

LES PONTS [2]

Des ciels gris de cristal. Un bizarre dessin de ponts, ceux-ci droits, ceux-là bombés, d'autres descendant ou obliquant en angles sur les premiers, et ces figures se renouvelant dans les autres circuits éclairés du canal, mais tous tellement longs et légers que les rives, chargées de dômes s'abaissent et s'amoindrissent. Quelques-uns de ces ponts sont encore chargés de masures. D'autres soutiennent des mâts, des signaux, de frêles parapets. Des accords mineurs se croisent, et filent, des cordes montent des berges. On distingue une veste rouge, peut-être d'autres costumes et des instruments de musique. Sont-ce des airs populaires, des bouts de

concerts seigneuriaux, des restants d'hymnes publics?
L'eau est grise et bleue, large comme un bras de mer. —
Un rayon blanc, tombant du haut du ciel, anéantit cette
comédie.

VILLE[1]

Je suis un éphémère et point trop mécontent citoyen
d'une métropole crue moderne parce que tout goût
connu a été éludé dans les ameublements et l'extérieur
des maisons aussi bien que dans le plan de la ville. Ici
vous ne signaleriez les traces d'aucun monument de
superstition. La morale et la langue sont réduites à leur
plus simple expression, enfin! Ces millions de gens qui
n'ont pas besoin de se connaître amènent[2] si pareille-
ment l'éducation, le métier et la vieillesse, que ce cours
de vie doit être plusieurs fois moins long que ce qu'une
statistique folle trouve pour les peuples du continent.
Aussi comme, de ma fenêtre, je vois des spectres nou-
veaux roulant à travers l'épaisse et éternelle fumée de
charbon, — notre ombre des bois, notre nuit d'été! —
des Érinnyes[3] nouvelles, devant mon cottage qui est
ma patrie et tout mon cœur puisque tout ici ressemble
à ceci, — la Mort sans pleurs, notre active fille et ser-
vante, un Amour désespéré, et un joli Crime piaulant
dans la boue de la rue.

ORNIÈRES[1]

À droite l'aube d'été éveille les feuilles et les vapeurs
et les bruits de ce coin du parc, et les talus de gauche
tiennent dans leur ombre violette les mille rapides
ornières de la route humide. Défilé de féeries. En effet :
des chars chargés d'animaux de bois doré, de mâts et de
toiles bariolées, au grand galop de vingt chevaux de
cirque tachetés, et les enfants et les hommes sur leurs
bêtes les plus étonnantes; — vingt véhicules, bossés,
pavoisés et fleuris comme des carrosses anciens ou de
contes, pleins d'enfants attifés pour une pastorale
suburbaine. — Même des cercueils sous leur dais de
nuit dressant les panaches d'ébène, filant au trot des
grandes juments bleues et noires.

VILLES[2]

Ce sont des villes! C'est un peuple pour qui se sont
montés ces Alleghanys et ces Libans de rêve! Des
chalets de cristal et de bois qui se meuvent sur des rails
et des poulies invisibles. Les vieux cratères ceints de
colosses et de palmiers de cuivre rugissent mélodieuse-
ment dans les feux. Des fêtes amoureuses sonnent sur
les canaux pendus derrière les chalets. La chasse des
carillons crie dans les gorges. Des corporations de chan-
teurs géants accourent dans des vêtements et des

oriflammes éclatants comme la lumière des cimes. Sur
les plates-formes au milieu des gouffres les Rolands
sonnent leur bravoure. Sur les passerelles de l'abîme
et les toits des auberges l'ardeur du ciel pavoise les mâts.
L'écroulement des apothéoses rejoint les champs des
hauteurs où les centauresses séraphiques évoluent
parmi les avalanches. Au-dessus du niveau des plus
hautes crêtes, une mer troublée par la naissance éter-
nelle de Vénus, chargée de flottes orphéoniques et de
la rumeur des perles et des conques précieuses, — la mer
s'assombrit parfois avec des éclats mortels. Sur les
versants des moissons de fleurs grandes comme nos
armes et nos coupes, mugissent. Des cortèges de Mabs [1]
en robes rousses, opalines, montent des ravines. Là-
haut, les pieds dans la cascade et les ronces, les cerfs
tètent Diane. Les Bacchantes des banlieues sanglotent
et la lune brûle et hurle. Vénus entre dans les cavernes
des forgerons et des ermites. Des groupes de beffrois
chantent les idées des peuples. Des châteaux bâtis en
os sort la musique inconnue. Toutes les légendes évoluent
et les élans se ruent dans les bourgs. Le paradis des
orages s'effondre. Les sauvages dansent sans cesse la
fête de la nuit. Et une heure je suis descendu dans le
mouvement d'un boulevard de Bagdad où des compa-
gnies ont chanté la joie du travail nouveau, sous une
brise épaisse, circulant sans pouvoir éluder les fabuleux
fantômes des monts où l'on a dû se retrouver.

Quels bons bras, quelle belle heure me rendront cette
région d'où viennent mes sommeils et mes moindres
mouvements?

VAGABONDS[1]

Pitoyable frère! Que d'atroces veillées je lui dus! « Je
ne me saisissais pas fervemment de cette entreprise. Je
m'étais joué de son infirmité. Par ma faute nous retour-
nerions en exil, en esclavage. » Il me supposait un gui-
gnon et une innocence très bizarres, et il ajoutait des
raisons inquiétantes.

Je répondais en ricanant à ce satanique docteur, et
finissais par gagner la fenêtre. Je créais, par delà la
campagne traversée par des bandes de musique rare,
les fantômes du futur luxe nocturne.

Après cette distraction vaguement hygiénique, je
m'étendais sur une paillasse. Et, presque chaque nuit,
aussitôt endormi, le pauvre frère se levait, la bouche
pourrie, les yeux arrachés, — tel qu'il se rêvait! — et me
tirait dans la salle en hurlant son songe de chagrin idiot.

J'avais en effet, en toute sincérité d'esprit, pris l'enga-
gement de le rendre à son état primitif de fils du Soleil,
— et nous errions, nourris du vin des cavernes [2] et du
biscuit de la route, moi pressé de trouver le lieu et la
formule.

VILLES [3]

L'acropole officielle outre les conceptions de la bar-
barie moderne les plus colossales. Impossible d'expri-
mer le jour mat produit par le ciel immuablement gris,

l'éclat impérial des bâtisses, et la neige éternelle du sol.
On a reproduit dans un goût d'énormité singulier toutes
les merveilles classiques de l'architecture. J'assiste à des
expositions de peinture dans des locaux vingt fois plus
vastes qu'Hampton-Court[1]. Quelle peinture! Un Nabu-
chodonosor norwégien a fait construire les escaliers des
ministères; les subalternes que j'ai pu voir sont déjà
plus fiers que des Brahmas[2], et j'ai tremblé à l'aspect des
gardiens de colosses et officiers de constructions. Par le
groupement des bâtiments en squares, cours et terrasses
fermées, on a évincé les cochers. Les parcs représentent
la nature primitive travaillée par un art superbe. Le haut
quartier a des parties inexplicables : un bras de mer, sans
bateaux, roule sa nappe de grésil bleu entre des quais
chargés de candélabres géants. Un pont court conduit
à une poterne immédiatement sous le dôme de la Sainte-
Chapelle. Ce dôme est une armature d'acier artistique
de quinze mille pieds de diamètre environ.

Sur quelques points des passerelles de cuivre, des
plates-formes, des escaliers qui contournent les halles et
les piliers, j'ai cru pouvoir juger la profondeur de la
ville! C'est le prodige dont je n'ai pu me rendre compte :
quels sont les niveaux des autres quartiers sur ou sous
l'acropole? Pour l'étranger de notre temps la reconnais-
sance est impossible. Le quartier commerçant est un cir-
cus d'un seul style, avec galeries à arcades. On ne voit
pas de boutiques, mais la neige de la chaussée est écra-
sée; quelques nababs aussi rares que les promeneurs
d'un matin de dimanche à Londres, se dirigent vers
une diligence de diamants. Quelques divans de velours
rouge : on sert des boissons polaires dont le prix varie
de huit cents à huit mille roupies. À l'idée de chercher
des théâtres sur ce circus, je me réponds que les bou-
tiques doivent contenir des drames assez sombres. Je
pense qu'il y a une police. Mais la loi doit être telle-

ment étrange, que je renonce à me faire une idée des aventuriers d'ici.

Le faubourg, aussi élégant qu'une belle rue de Paris, est favorisé d'un air de lumière. L'élément démocratique compte quelques cents âmes. Là encore les maisons ne se suivent pas; le faubourg se perd bizarrement dans la campagne, le « Comté » qui remplit l'occident éternel des forêts et des plantations prodigieuses où les gentilshommes sauvages chassent leurs chroniques sous la lumière qu'on a créée.

VEILLÉES [1]

I

C'est le repos éclairé, ni fièvre, ni langueur, sur le lit ou sur le pré.

C'est l'ami ni ardent ni faible. L'ami.

C'est l'aimée ni tourmentante ni tourmentée. L'aimée.

L'air et le monde point cherchés. La vie.

— Était-ce donc ceci?

— Et le rêve fraîchit.

II

L'éclairage revient à l'arbre de bâtisse. Des deux extrémités de la salle, décors quelconques, des élévations harmoniques se joignent. La muraille en face du

veilleur est une succession psychologique de coupes de
frises, de bandes atmosphériques et d'accidences géolo-
giques. — Rêve intense et rapide de groupes sentimen-
taux avec des êtres de tous les caractères parmi toutes
les apparences.

III

Les lampes et les tapis de la veillée font le bruit des
vagues, la nuit, le long de la coque et autour du stee-
rage [1].

La mer de la veillée, telle que les seins d'Amélie.

Les tapisseries, jusqu'à mi-hauteur, des taillis de den-
telle, teinte d'émeraude, où se jettent les tourterelles
de la veillée.

. . . .

La plaque du foyer noir, de réels soleils des grèves :
ah! puits des magies; seule vue d'aurore, cette fois.

MYSTIQUE [2]

Sur la pente du talus les anges tournent leurs robes
de laine dans les herbages d'acier et d'émeraude.
Des prés de flammes bondissent jusqu'au sommet du
mamelon. À gauche le terreau de l'arête est piétiné par
tous les homicides et toutes les batailles, et tous les
bruits désastreux filent leur courbe. Derrière l'arête de
droite la ligne des orients, des progrès.

Et tandis que la bande en haut du tableau est formée de la rumeur tournante et bondissante des conques des mers et des nuits humaines,

La douceur fleurie des étoiles et du ciel et du reste descend en face du talus, comme un panier, contre notre face, et fait l'abîme fleurant et bleu là-dessous.

AUBE [1]

J'ai embrassé l'aube d'été.

Rien ne bougeait encore au front des palais. L'eau était morte. Les camps d'ombres ne quittaient pas la route du bois. J'ai marché, réveillant les haleines vives et tièdes, et les pierreries regardèrent, et les ailes se levèrent sans bruit.

La première entreprise fut, dans le sentier déjà empli de frais et blêmes éclats, une fleur qui me dit son nom.

Je ris au wasserfall [2] blond qui s'échevela à travers les sapins : à la cime argentée je reconnus la déesse.

Alors je levai un à un les voiles. Dans l'allée, en agitant les bras. Par la plaine, où je l'ai dénoncée au coq. À la grand'ville elle fuyait parmi les clochers et les dômes, et courant comme un mendiant sur les quais de marbre, je la chassais.

En haut de la route, près d'un bois de lauriers, je l'ai entourée avec ses voiles amassés, et j'ai senti un peu son immense corps. L'aube et l'enfant tombèrent au bas du bois.

Au réveil il était midi.

FLEURS [1]

D'un gradin d'or, — parmi les cordons de soie, les gazes grises, les velours verts et les disques de cristal qui noircissent comme du bronze au soleil, — je vois la digitale s'ouvrir sur un tapis de filigranes d'argent, d'yeux et de chevelures.

Des pièces d'or jaune semées sur l'agate, des piliers d'acajou supportant un dôme d'émeraudes, des bouquets de satin blanc et de fines verges de rubis entourent la rose d'eau.

Tels qu'un dieu aux énormes yeux bleus et aux formes de neige, la mer et le ciel attirent aux terrasses de marbre la foule des jeunes et fortes roses.

NOCTURNE VULGAIRE [2]

Un souffle ouvre des brèches opéradiques [3] dans les cloisons, — brouille le pivotement des toits rongés, — disperse les limites des foyers, — éclipse les croisées. — Le long de la vigne, m'étant appuyé du pied à une gargouille, — je suis descendu dans ce carrosse dont l'époque est assez indiquée par les glaces convexes, les panneaux bombés et les sophas contournés. Corbillard de mon sommeil, isolé, maison de berger de ma niaiserie, le véhicule vire sur le gazon de la grande route

effacée : et dans un défaut en haut de la glace de droite
tournoient les blêmes figures lunaires, feuilles, seins ; —
Un vert et un bleu très foncés envahissent l'image. Déte-
lage aux environs d'une tache de gravier.

    — Ici va-t-on siffler pour l'orage, et les Sodomes —
et les Solymes [1], — et les bêtes féroces et les armées,

    — (Postillons et bêtes de songe reprendront-ils sous
les plus suffocantes futaies, pour m'enfoncer jusqu'aux
yeux dans la source de soie)

    — Et nous envoyer, fouettés à travers les eaux cla-
potantes et les boissons répandues, rouler sur l'aboi des
dogues...

    — Un souffle disperse les limites du foyer.

MARINE [2]

Les chars d'argent et de cuivre —
Les proues d'acier et d'argent —
Battent l'écume, —
Soulèvent les souches des ronces —
Les courants de la lande,
Et les ornières immenses du reflux,
Filent circulairement vers l'est,
Vers les piliers de la forêt, —
Vers les fûts de la jetée,
Dont l'angle est heurté par des
tourbillons de lumière.

FÊTE D'HIVER [1]

La cascade sonne derrière les huttes d'opéra-comique. Des girandoles prolongent, dans les vergers et les allées voisins du Méandre [2], — les verts et les rouges du couchant. Nymphes d'Horace [3] coiffées au Premier Empire, — Rondes Sibériennes, Chinoises de Boucher [4].

ANGOISSE [5]

Se peut-il qu'Elle [6] me fasse pardonner les ambitions continuellement écrasées, — qu'une fin aisée répare les âges d'indigence, — qu'un jour de succès nous endorme sur la honte de notre inhabileté fatale?

(Ô palmes! diamant! — Amour, force! — plus haut que toutes joies et gloires! — de toutes façons, partout, — Démon, dieu, — Jeunesse de cet être-ci : moi!)

Que des accidents de féerie scientifique et des mouvements de fraternité sociale soient chéris comme restitution progressive de la franchise première?...

Mais la Vampire qui nous rend gentils commande que nous nous amusions avec ce qu'elle nous laisse, ou qu'autrement nous soyons plus drôles.

Rouler aux blessures, par l'air lassant et la mer; aux supplices, par le silence des eaux et de l'air meurtriers; aux tortures qui rient, dans leur silence atrocement houleux.

MÉTROPOLITAIN[1]

Du détroit d'indigo aux mers d'Ossian, sur le sable rose et orange qu'a lavé le ciel vineux, viennent de monter et de se croiser des boulevards de cristal habités incontinent par de jeunes familles pauvres qui s'alimentent chez les fruitiers. Rien de riche. — La ville!

Du désert de bitume fuient droit en déroute avec les nappes de brumes échelonnées en bandes affreuses au ciel qui se recourbe, se recule et descend, formé de la plus sinistre fumée noire que puisse faire l'Océan en deuil, les casques, les roues, les barques, les croupes. — La bataille!

Lève la tête : ce pont de bois, arqué; les derniers potagers de Samarie[2]; ces masques enluminés sous la lanterne fouettée par la nuit froide; l'ondine niaise à la robe bruyante, au bas de la rivière; ces crânes lumineux dans les plans de pois — et les autres fantasmagories — la campagne.

Des routes bordées de grilles et de murs, contenant à peine leurs bosquets, et les atroces fleurs qu'on appellerait cœurs et sœurs, Damas damnant de longueur[3], — possessions de féeriques aristocraties ultra-Rhénanes, Japonaises, Guaranies[4], propres encore à recevoir la musique des anciens — et il y a des auberges qui pour toujours n'ouvrent déjà plus — il y a des princesses, et si tu n'es pas trop accablé, l'étude des astres — le ciel.

Le matin où avec Elle, vous vous débattîtes parmi les éclats de neige, les lèvres vertes, les glaces, les drapeaux noirs et les rayons bleus, et les parfums pourpres du soleil des pôles, — ta force.

BARBARE [1]

Bien après les jours et les saisons, et les êtres et les pays,
Le pavillon en viande saignante sur la soie des mers et des fleurs arctiques; (elles n'existent pas.)
Remis des vieilles fanfares d'héroïsme — qui nous attaquent encore le cœur et la tête — loin des anciens assassins —
Oh! Le pavillon en viande saignante sur la soie des mers et des fleurs arctiques; (elles n'existent pas.)
Douceurs!
Les brasiers, pleuvant aux rafales de givre, — Douceurs! — les feux à la pluie du vent de diamants jetée par le cœur terrestre éternellement carbonisé pour nous. — Ô monde! —
(Loin des vieilles retraites et des vieilles flammes, qu'on entend, qu'on sent,)
Les brasiers et les écumes. La musique, virement des gouffres et choc des glaçons aux astres.
Ô Douceurs, ô monde, ô musique! Et là, les formes, les sueurs, les chevelures et les yeux, flottant. Et les larmes blanches, bouillantes, — ô douceurs! — et la voix féminine arrivée au fond des volcans et des grottes arctiques.
Le pavillon...

SOLDE [1]

À vendre ce que les Juifs n'ont pas vendu, ce que
noblesse ni crime n'ont goûté, ce qu'ignorent l'amour
maudit et la probité infernale des masses; ce que le
temps ni la science n'ont pas à reconnaître;

Les Voix reconstituées; l'éveil fraternel de toutes les
énergies chorales et orchestrales et leurs applications
instantanées; l'occasion, unique, de dégager nos sens!

À vendre les Corps sans prix, hors de toute race, de
tout monde, de tout sexe, de toute descendance! Les
richesses jaillissant à chaque démarche! Solde de dia-
mants sans contrôle!

À vendre l'anarchie [2] pour les masses; la satisfaction
irrépressible pour les amateurs supérieurs; la mort
atroce pour les fidèles et les amants!

À vendre les habitations et les migrations, sports,
féeries et comforts [3] parfaits, et le bruit, le mouvement
et l'avenir qu'ils font!

À vendre les applications de calcul et les sauts d'har-
monie inouïs. Les trouvailles et les termes non soup-
çonnés, possession immédiate,

Élan insensé et infini aux splendeurs invisibles, aux
délices insensibles, — et ses secrets affolants pour chaque
vice — et sa gaîté effrayante pour la foule.

À vendre les Corps, les voix, l'immense opulence
inquestionable [4], ce qu'on ne vendra jamais. Les ven-
deurs ne sont pas à bout de solde! Les voyageurs n'ont
pas à rendre leur commission de si tôt!

FAIRY[1]

I

Pour Hélène[2] se conjurèrent les sèves ornamentales[3] dans les ombres vierges et les clartés impassibles dans le silence astral. L'ardeur de l'été fut confiée à des oiseaux muets et l'indolence requise à une barque de deuils sans prix par des anses d'amours morts et de parfums affaissés.

— Après le moment de l'air des bûcheronnes à la rumeur du torrent sous la ruine des bois, de la sonnerie des bestiaux à l'écho des vals, et des cris des steppes. —

Pour l'enfance d'Hélène frissonnèrent les fourrures et les ombres — et le sein des pauvres, et les légendes du ciel.

Et ses yeux et sa danse supérieurs encore aux éclats précieux, aux influences froides, au plaisir du décor et de l'heure uniques.

II. GUERRE[4]

Enfant, certains ciels ont affiné mon optique : tous les caractères nuancèrent ma physionomie. Les Phénomènes s'émurent. — À présent l'inflexion éternelle des moments et l'infini des mathématiques me chassent par ce monde où je subis tous les succès civils, respecté

de l'enfance étrange et des affections énormes. — Je
songe à une Guerre, de droit ou de force, de logique bien
imprévue.

C'est aussi simple qu'une phrase musicale.

JEUNESSE [1]

I

DIMANCHE

Les calculs de côté, l'inévitable descente du ciel, et la
visite des souvenirs et la séance des rythmes occupent
la demeure, la tête et le monde de l'esprit.

— Un cheval détale sur le turf suburbain, et le long
des cultures et des boisements, percé par la peste car-
bonique. Une misérable femme de drame, quelque part
dans le monde, soupire après des abandons improbables.
Les desperadoes [2] languissent après l'orage, l'ivresse et
les blessures. De petits enfants étouffent des malédictions
le long des rivières. —

Reprenons l'étude au bruit de l'œuvre dévorante qui
se rassemble et remonte dans les masses.

II

SONNET [3]

Homme de constitution ordinaire, la chair / n'était-elle
pas un fruit pendu dans le verger, — ô / journées enfan-
tes ! le corps un trésor à prodiguer ; — ô / aimer, le péril

ou la force de Psyché? La terre / avait des versants
fertiles en princes et en artistes, / et la descendance et
la race vous poussaient aux / crimes et aux deuils : le
monde votre fortune et votre / péril. Mais à présent,
ce labeur comblé, toi, tes calculs, / toi, tes impatiences
— ne sont plus que votre danse et / votre voix, non
fixées et point forcées, quoique d'un double / événe-
ment d'invention et de succès une raison, — / en l'huma-
nité fraternelle et discrète par l'univers / sans images;
— la force et le droit   réfléchissent la / danse et la voix
à présent seulement appréciées.

III

VINGT ANS [1]

Les voix instructives exilées... L'ingénuité physique
amèrement rassise... — Adagio. Ah! l'égoïsme infini de
l'adolescence, l'optimisme studieux : que le monde
était plein de fleurs cet été! Les airs et les formes mou-
rant... — Un chœur, pour calmer l'impuissance et
l'absence! Un chœur de verres, de mélodies nocturnes...
En effet les nerfs vont vite chasser.

IV [2]

Tu en es encore à la tentation d'Antoine. L'ébat du
zèle écourté, les tics d'orgueil puéril, l'affaissement et
l'effroi.
Mais tu te mettras à ce travail : toutes les pos-
sibilités harmoniques et architecturales s'émouvront
autour de ton siège. Des êtres parfaits, imprévus, s'offri-
ront à tes expériences. Dans tes environs affluera rêveu-

sement la curiosité d'anciennes foules et de luxes oisifs.
Ta mémoire et tes sens ne seront que la nourriture de
ton impulsion créatrice. Quant au monde, quand tu
sortiras, que sera-t-il devenu? En tout cas, rien des
apparences actuelles.

PROMONTOIRE [1]

L'aube d'or et la soirée frissonnante trouvent notre
brick au large en face de cette villa et de ses dépen-
dances, qui forment un promontoire aussi étendu que
l'Épire et le Péloponnèse, ou que la grande île du Japon,
ou que l'Arabie! Des fanums [2] qu'éclaire la rentrée des
théories [3], d'immenses vues de la défense des côtes
modernes; des dunes illustrées de chaudes fleurs et de
bacchanales; de grands canaux de Carthage et des
Embankments [4] d'une Venise louche, de molles érup-
tions d'Etnas et des crevasses de fleurs et d'eaux des
glaciers, des lavoirs entourés de peupliers d'Allemagne;
des talus de parcs singuliers penchant des têtes d'Arbre
du Japon; et les facades circulaires des « Royal » ou des
« Grand » de Scarbro' ou de Brooklyn, et leurs railways
flanquent, creusent, surplombent les dispositions dans
cet Hôtel, choisies dans l'histoire des plus élégantes et
des plus colossales constructions de l'Italie, de l'Amé-
rique et de l'Asie, dont les fenêtres et les terrasses à
présent pleines d'éclairages, de boissons et de brises
riches, sont ouvertes à l'esprit des voyageurs et des
nobles — qui permettent, aux heures du jour, à toutes
les tarentelles des côtes, — et même aux ritournelles
des vallées illustres de l'art, de décorer merveilleuse-
ment les façades du Palais-Promontoire.

SCÈNES [1]

L'ancienne Comédie poursuit ses accords et divise ses Idylles :

Des boulevards de tréteaux,

Un long pier [2] en bois d'un bout à l'autre d'un champ rocailleux où la foule barbare évolue sous les arbres dépouillés.

Dans des corridors de gaze noire, suivant le pas des promeneurs aux lanternes et aux feuilles.

Des oiseaux des mystères [3] s'abattent sur un ponton de maçonnerie mû par l'archipel couvert des embarcations des spectateurs.

Des scènes lyriques accompagnées de flûte et de tambour s'inclinent dans des réduits ménagés sous les plafonds, autour des salons de clubs modernes ou des salles de l'Orient ancien.

La féerie manœuvre au sommet d'un amphithéâtre couronné par les taillis, — Ou s'agite et module pour les Béotiens, dans l'ombre des futaies mouvantes sur l'arête des cultures.

L'opéra-comique se divise sur une scène à l'arête d'intersection de dix cloisons dressées de la galerie aux feux.

SOIR HISTORIQUE [1]

En quelque soir, par exemple, que se trouve le touriste naïf, retiré de nos horreurs économiques, la main d'un maître anime le clavecin des prés; on joue aux cartes au fond de l'étang, miroir évocateur des reines et des mignonnes, on a les saintes, les voiles, et les fils d'harmonie, et les chromatismes légendaires, sur le couchant.

Il frissonne au passage des chasses et des hordes. La comédie goutte sur les tréteaux de gazon. Et l'embarras des pauvres et des faibles sur ces plans stupides!

À sa vision esclave, — l'Allemagne s'échafaude vers des lunes; les déserts tartares s'éclairent — les révoltes anciennes grouillent dans le centre du Céleste Empire, par les escaliers et les fauteuils de rois [2] — un petit monde blême et plat, Afrique et Occidents, va s'édifier. Puis un ballet de mers et de nuits connues une chimie sans valeur, et des mélodies impossibles.

La même magie bourgeoise à tous les points où la malle [3] nous déposera! Le plus élémentaire physicien sent qu'il n'est plus possible de se soumettre à cette atmosphère personnelle, brume de remords physiques, dont la constatation est déjà une affliction.

Non! — Le moment de l'étuve, des mers enlevées, des embrasements souterrains, de la planète emportée, et des exterminations conséquentes, certitudes si peu malignement indiquées dans la Bible et par les Nornes [4] et qu'il sera donné à l'être sérieux de surveiller. — Cependant ce ne sera point un effet de légende!

BOTTOM[1]

La réalité étant trop épineuse pour mon grand caractère, — je me trouvai néanmoins chez Madame, en gros oiseau gris bleu s'essorant vers les moulures du plafond et traînant l'aile dans les ombres de la soirée.

Je fus, au pied du baldaquin supportant ses bijoux adorés et ses chefs-d'œuvre physiques, un gros ours aux gencives violettes et au poil chenu de chagrin, les yeux aux cristaux et aux argents des consoles.

Tout se fit ombre et aquarium ardent. Au matin, — aube de juin batailleuse, — je courus aux champs, âne, claironnant et brandissant mon grief, jusqu'à ce que les Sabines de la banlieue vinrent se jeter à mon poitrail.

H[2]

Toutes les monstruosités violent les gestes atroces d'Hortense. Sa solitude est la mécanique érotique, sa lassitude, la dynamique amoureuse. Sous la surveillance d'une enfance elle a été, à des époques nombreuses, l'ardente hygiène des races. Sa porte est ouverte à la misère. Là, la moralité des êtres actuels se décorpore en sa passion ou en son action — Ô terrible frisson des amours novices sur le sol sanglant et par l'hydrogène clarteux[3]! trouvez Hortense.

MOUVEMENT[1]

Le mouvement de lacet sur la berge des chutes du fleuve,
Le gouffre à l'étambot [2],
La célérité de la rampe,
L'énorme passade du courant,
Mènent par les lumières inouïes
Et la nouveauté chimique
Les voyageurs entourés des trombes du val
Et du strom [3].

Ce sont les conquérants du monde
Cherchant la fortune chimique personnelle;
Le sport et le comfort [4] voyagent avec eux;
Ils emmènent l'éducation
Des races, des classes et des bêtes, sur ce Vaisseau.
Repos et vertige
À la lumière diluvienne,
Aux terribles soirs d'étude.

Car de la causerie parmi les appareils, — le sang; les
   fleurs, le feu, les bijoux —
Des comptes agités à ce bord fuyard,
— On voit, roulant comme une digue au-delà de la
   route hydraulique motrice,
Monstrueux, s'éclairant sans fin, — leur stock d'études;
Eux chassés dans l'extase harmonique
Et l'héroïsme de la découverte.
Aux accidents atmosphériques les plus surprenants
Un couple de jeunesse s'isole sur l'arche,
— Est-ce ancienne sauvagerie qu'on pardonne?
Et chante et se poste.

DÉVOTION [1]

À ma sœur Louise Vanaen de Voringhem : — Sa cornette bleue tournée à la mer du Nord. — Pour les naufragés.

À ma sœur Léonie Aubois d'Ashby. Baou [2] — l'herbe d'été bourdonnante et puante. — Pour la fièvre des mères et des enfants.

À Lulu, — démon — qui a conservé un goût pour les oratoires du temps des Amies et de son éducation incomplète. Pour les hommes! À madame ***.

À l'adolescent que je fus. À ce saint vieillard, ermitage ou mission.

À l'esprit des pauvres. Et à un très haut clergé.

Aussi bien à tout culte en telle place de culte mémoriale et parmi tels événements qu'il faille se rendre, suivant les aspirations du moment ou bien notre propre vice sérieux.

Ce soir à Circeto des hautes glaces, grasse comme le poisson, et enluminée comme les dix mois de la nuit rouge, — (son cœur ambre et spunk [3]), — pour ma seule prière muette comme ces régions de nuit et précédant des bravoures plus violentes que ce chaos polaire.

À tout prix et avec tous les airs, même dans des voyages métaphysiques. — Mais plus *alors*.

DÉMOCRATIE[1]

« Le drapeau va au paysage immonde, et notre patois étouffe le tambour.

« Aux centres nous alimenterons la plus cynique prostitution. Nous massacrerons les révoltes logiques.

« Aux pays poivrés[2] et détrempés! — au service des plus monstrueuses exploitations industrielles ou militaires.

« Au revoir ici, n'importe où. Conscrits du bon vouloir, nous aurons la philosophie féroce; ignorants pour la science, roués pour le confort; la crevaison pour le monde qui va. C'est la vraie marche. En avant, route! »

GÉNIE[3]

Il est l'affection et le présent puisqu'il a fait la maison ouverte à l'hiver écumeux et à la rumeur de l'été, lui qui a purifié les boissons et les aliments, lui qui est le charme des lieux fuyant et le délice surhumain des stations. Il est l'affection et l'avenir, la force et l'amour que nous, debout dans les rages et les ennuis, nous voyons passer dans le ciel de tempête et les drapeaux d'extase.

Il est l'amour, mesure parfaite et réinventée, raison merveilleuse et imprévue, et l'éternité : machine aimée des qualités fatales. Nous avons tous eu l'épouvante de

sa concession et de la nôtre : ô jouissance de notre
santé, élan de nos facultés, affection égoïste et passion
pour lui, lui qui nous aime pour sa vie infinie...

Et nous nous le rappelons et il voyage... Et si l'Ado-
ration s'en va, sonne, sa promesse sonne : « Arrière
ces superstitions, ces anciens corps, ces ménages et ces
âges. C'est cette époque-ci qui a sombré! »

Il ne s'en ira pas, il ne redescendra pas d'un ciel, il
n'accomplira pas la rédemption des colères de femmes
et des gaîtés des hommes et de tout ce péché : car c'est
fait, lui étant, et étant aimé.

Ô ses souffles, ses têtes, ses courses; la terrible célé-
rité de la perfection des formes et de l'action.

Ô fécondité de l'esprit et immensité de l'univers!

Son corps! Le dégagement rêvé, le brisement de la
grâce croisée de violence nouvelle!

Sa vue, sa vue! tous les agenouillages anciens et les
peines *relevés* à sa suite.

Son jour! l'abolition de toutes souffrances sonores et
mouvantes dans la musique plus intense.

Son pas! les migrations plus énormes que les anciennes
invasions.

Ô Lui et nous! l'orgueil plus bienveillant que les
charités perdues.

Ô monde! et le chant clair des malheurs nouveaux!

Il nous a connus tous et nous a tous aimés. Sachons,
cette nuit d'hiver, de cap en cap, du pôle tumultueux
au château, de la foule à la plage, de regards en regards,
forces et sentiments las, le héler et le voir, et le ren-
voyer, et sous les marées et au haut des déserts de neige,
suivre ses vues, ses souffles, son corps, son jour.

APPENDICES

RIMBAUD À GEORGES IZAMBARD

Charleville, [13] mai 1871 *a*.

Cher Monsieur!

Vous revoilà professeur. On se doit à la Société, m'avez-vous dit; vous faites partie des corps enseignants : vous roulez dans la bonne ornière. — Moi aussi, je suis le principe : je me fais cyniquement *entretenir*; je déterre d'anciens imbéciles de collège : tout ce que je puis inventer de bête, de sale, de mauvais, en action et en paroles, je le leur livre : on me paie en bocks et en filles. *Stat mater dolorosa, dum pendet filius,* — Je me dois à la Société, c'est juste; — et j'ai raison. — Vous aussi, vous avez raison, pour aujourd'hui. Au fond, vous ne voyez en votre principe que poésie subjective : votre obstination à regagner le râtelier universitaire — pardon! — le prouve. Mais vous finirez toujours comme un satisfait qui n'a rien fait, n'ayant rien voulu faire. Sans compter que votre poésie subjective sera toujours horriblement fadasse. Un jour, j'espère, — bien d'autres espèrent la même chose, —

---

a. L'autographe ne précise pas la date du 13 qui se tire du cachet postal.

je verrai dans votre principe la poésie objective, je la verrai plus sincèrement que vous ne le feriez! — Je serai un travailleur : c'est l'idée qui me retient, quand les colères folles me poussent vers la bataille de Paris, — où tant de travailleurs meurent pourtant encore tandis que je vous écris! Travailler maintenant, jamais, jamais; je suis en grève.

Maintenant, je m'encrapule le plus possible. Pourquoi? Je veux être poète, et je travaille à me rendre *Voyant :* vous ne comprendrez pas du tout, et je ne saurais presque vous expliquer. Il s'agit d'arriver à l'inconnu par le dérèglement de *tous les sens.* Les souffrances sont énormes, mais il faut être fort, être né poète, et je me suis reconnu poète. Ce n'est pas du tout ma faute. C'est faux de dire : Je pense : on devrait dire on me pense. — Pardon du jeu de mots.

Je est un autre. Tant pis pour le bois qui se trouve violon, et Nargue aux inconscients, qui ergotent sur ce qu'ils ignorent tout à fait!

Vous n'êtes pas *Enseignant* pour moi. Je vous donne ceci : est-ce de la satire, comme vous diriez? Est-ce de la poésie? C'est de la fantaisie, toujours. — Mais, je vous en supplie, ne soulignez ni du crayon, ni trop de la pensée :

LE CŒUR SUPPLICIÉ

Mon triste cœur bave à la poupe

. . . .

Ça ne veut pas rien dire — RÉPONDEZ-MOI : chez M. Deverrière, pour A. R.

Bonjour de cœur,

AR. RIMBAUD.

Monsieur Georges Izambard,
27, rue de l'Abbaye-des-Champs,
À Douai (Nord).

RIMBAUD À PAUL DEMENY

Charleville, 15 mai 1871.

J'ai résolu de vous donner une heure de littérature nouvelle; je commence de suite par un psaume d'actualité :

CHANT DE GUERRE PARISIEN

Le printemps est évident, car...
. . . .

A. RIMBAUD.

— Voici de la prose sur l'avenir de la poésie —

Toute poésie antique aboutit à la poésie grecque, Vie harmonieuse. — De la Grèce au mouvement romantique, — moyen âge, — il y a des lettrés, des versificateurs. D'Ennius à Theroldus, de Theroldus à Casimir Delavigne, tout est prose rimée, un jeu, avachissement et gloire d'innombrables générations idiotes : Racine est le pur, le fort, le grand — On eût soufflé sur ses rimes, brouillé ses hémistiches, que le Divin Sot serait aujourd'hui aussi ignoré que le premier venu auteur d'*Origines*. — Après Racine, le jeu moisit. Il a duré deux mille ans!

Ni plaisanterie, ni paradoxe. La raison m'inspire plus de certitudes sur le sujet que n'aurait jamais eu de colères un Jeune-France. Du reste, libre aux *nouveaux!* d'exécrer les ancêtres : on est chez soi et l'on a le temps.

On n'a jamais bien jugé le romantisme. Qui l'aurait jugé? Les Critiques!! Les Romantiques, qui prouvent si bien que la chanson est si peu souvent l'œuvre, c'est-à dire la pensée chantée *et comprise* du chanteur?

Car Je est un autre. Si le cuivre s'éveille clairon, il n'y a rien de sa faute. Cela m'est évident : j'assiste à l'éclosion de ma pensée : je la regarde, je l'écoute : je lance un coup d'archet : la symphonie fait son remuement dans les profondeurs, ou vient d'un bond sur la scène.

Si les vieux imbéciles n'avaient pas trouvé du moi que la signification fausse, nous n'aurions pas à balayer ces millions de squelettes qui, depuis un temps infini, ont accumulé les produits de leur intelligence borgnesse, en s'en clamant les auteurs!

En Grèce, ai-je dit, vers et lyres *rythment l'Action.* Après, musique et rimes sont jeux, délassements. L'étude de ce passé charme les curieux : plusieurs s'éjouissent à renouveler ces antiquités : — c'est pour eux. L'intelligence universelle a toujours jeté ses idées, naturellement; les hommes ramassaient une partie de ces fruits du cerveau : on agissait par, on en écrivait des livres : telle allait la marche, l'homme ne se travaillant pas, n'étant pas encore éveillé, ou pas encore dans la plénitude du grand songe. Des fonctionnaires, des écrivains : auteur, créateur, poète, cet homme n'a jamais existé!

La première étude de l'homme qui veut être poète est sa propre connaissance, entière; il cherche son âme, il l'inspecte, il la tente, l'apprend. Dès qu'il la sait, il doit la cultiver; cela semble simple : en tout cerveau s'accomplit un développement naturel; tant d'*égoïstes* se proclament auteurs; il en est bien d'autres qui s'attribuent leur progrès intellectuel! — Mais il s'agit de faire l'âme monstrueuse : à l'instar des comprachicos, quoi! Imaginez un homme s'implantant et se cultivant des verrues sur le visage.

Je dis qu'il faut être *voyant*, se faire *voyant.*

Le Poète se fait *voyant* par un long, immense et raisonné *dérèglement* de *tous les sens.* Toutes les formes d'amour, de souffrance, de folie; il cherche lui-même, il épuise en lui tous les poisons, pour n'en garder que les quintessences. Ineffable torture où il a besoin de toute la foi, de toute la force surhumaine, où il devient

entre tous le grand malade, le grand criminel, le grand
maudit, — et le suprême Savant! — Car il arrive à
l'*inconnu!* Puisqu'il a cultivé son âme, déjà riche, plus
qu'aucun! Il arrive à l'inconnu, et quand, affolé, il
finirait par perdre l'intelligence de ses visions, il les a
vues! Qu'il crève dans son bondissement par les choses
inouïes et innommables : viendront d'autres horribles
travailleurs; ils commenceront par les horizons où
l'autre s'est affaissé!

— La suite à six minutes —

Ici j'intercale un second psaume *hors du texte :* veuillez
tendre une oreille complaisante, — et tout le monde sera
charmé. — J'ai l'archet en main, je commence :

MES PETITES AMOUREUSES

Un hydrolat lacrymal lave...
. . . .

A. R.

Voilà. Et remarquez bien que, si je ne craignais de
vous faire débourser plus de 60 c. de port, — moi
pauvre effaré qui, depuis sept mois, n'ai pas tenu un
seul rond de bronze! — je vous livrerais encore mes
Amants de Paris, cent hexamètres, Monsieur, et ma *Mort
de Paris,* deux cents hexamètres! —
Je reprends :
Donc le poète est vraiment voleur de feu.
Il est chargé de l'humanité, des *animaux* même; il
devra faire sentir, palper, écouter ses inventions; si ce
qu'il rapporte de *là-bas* a forme, il donne forme; si
c'est informe, il donne de l'informe. Trouver une
langue;
— Du reste, toute parole étant idée, le temps d'un
langage universel viendra! Il faut être académicien, —

plus mort qu'un fossile, — pour parfaire un dictionnaire,
de quelque langue que ce soit. Des faibles se mettraient
à penser sur la première lettre de l'alphabet, qui pour-
raient vite ruer dans la folie ! —

Cette langue sera de l'âme pour l'âme, résumant
tout, parfums, sons, couleurs, de la pensée accrochant
la pensée et tirant. Le poète définirait la quantité d'in-
connu s'éveillant en son temps dans l'âme universelle :
il donnerait plus — que la formule de sa pensée, que
la notation *de sa marche au Progrès !* Énormité devenant
norme, absorbée par tous, il serait vraiment *un multi-
plicateur de progrès !*

Cet avenir sera matérialiste, vous le voyez. — Tou-
jours pleins du *Nombre* et de l'*Harmonie*, ces poèmes
seront faits pour rester. — Au fond, ce serait encore
un peu la Poésie grecque.

L'art éternel aurait ses fonctions, comme les poètes
sont citoyens. La Poésie ne rythmera plus l'action;
elle *sera en avant.*

Ces poètes seront ! Quand sera brisé l'infini servage
de la femme, quand elle vivra pour elle et par elle,
l'homme, — jusqu'ici abominable, — lui ayant donné
son renvoi, elle sera poète, elle aussi ! La femme trou-
vera de l'inconnu ! Ses mondes d'idées différeront-ils
des nôtres ? — Elle trouvera des choses étranges, inson-
dables, repoussantes, délicieuses; nous les prendrons,
nous les comprendrons.

En attendant, demandons aux *poètes* du *nouveau,* —
idées et formes. Tous les habiles croiraient bientôt avoir
satisfait à cette demande. — Ce n'est pas cela !

Les premiers romantiques ont été *voyants* sans trop
bien s'en rendre compte : la culture de leurs âmes s'est
commencée aux accidents : locomotives abandonnées,
mais brûlantes, que prennent quelque temps les rails.
— Lamartine est quelquefois voyant, mais étranglé par
la forme vieille. — Hugo, *trop cabochard,* a bien du vu
dans les derniers volumes : *Les Misérables* sont un vrai
poème. J'ai *Les Châtiments* sous main; *Stella* donne à
peu près la mesure de la *vue* de Hugo. Trop de Bel-

montet et de Lamennais, de Jehovahs et de colonnes,
vieilles énormités crevées.

Musset est quatorze fois exécrable pour nous, généra-
tions douloureuses et prises de visions, — que sa
paresse d'ange a insultées! Ô! les contes et les pro-
verbes fadasses! ô les nuits! ô Rolla, ô Namouna, ô la
Coupe! tout est français, c'est-à-dire haïssable au suprême
degré; français, pas parisien! Encore une œuvre de cet
odieux génie qui a inspiré Rabelais, Voltaire, Jean La
Fontaine, commenté par M. Taine! Printanier, l'esprit
de Musset! Charmant, son amour! En voilà, de la pein-
ture à l'émail, de la poésie solide! On savourera long-
temps la poésie *française*, mais en France. Tout garçon
épicier est en mesure de débobiner une apostrophe Rol-
laque; tout séminariste en porte les cinq cents rimes
dans le secret d'un carnet. À quinze ans, ces élans de
passion mettent les jeunes en rut; à seize ans, ils se
contentent déjà de les réciter avec *cœur ;* à dix-huit ans,
à dix-sept même, tout collégien qui a le moyen fait le
Rolla, écrit un Rolla! Quelques-uns en meurent peut-
être encore. Musset n'a rien su faire : il y avait des
visions derrière la gaze des rideaux : il a fermé les yeux.
Français, panadis, traîné de l'estaminet au pupitre de
collège, le beau mort est mort, et, désormais, ne nous
donnons même plus la peine de le réveiller par nos
abominations!

Les seconds romantiques sont très *voyants :* Th. Gau-
tier, Lec[onte] de Lisle, Th. de Banville. Mais inspecter
l'invisible et entendre l'inouï étant autre chose que
reprendre l'esprit des choses mortes, Baudelaire est le
premier voyant, roi des poètes, *un vrai Dieu.* Encore
a-t-il vécu dans un milieu trop artiste; et la forme si
vantée en lui est mesquine : les inventions d'inconnu
réclament des formes nouvelles.

Rompue aux formes vieilles, parmi les innocents,
A. Renaud, — a fait son Rolla; — L. Grandet, — a
fait son Rolla; — les gaulois et les Musset, G. Lafe-
nestre, Coran, Cl. Popelin, Soulary, L. Salles. Les éco-
liers, Marc, Aicard, Theuriet; les morts et les imbéciles,

Autran, Barbier, L. Pichat, Lemoyne, les Deschamps,
les Desessarts; les journalistes, L. Cladel, Robert
Luzarches, X. de Ricard; les fantaisistes, C. Mendès; les
bohèmes; les femmes; les talents, Léon Dierx et Sully-
Prudhomme, Coppée; — la nouvelle école, dite parnas-
sienne, a deux voyants, Albert Mérat et Paul Verlaine,
un vrai poète. — Voilà. Ainsi je travaille à me rendre
voyant. — Et finissons par un chant pieux.

ACCROUPISSEMENTS

Bien tard, quand il se sent l'estomac écœuré
. . . .

Vous seriez exécrable de ne pas répondre : vite, car
dans huit jours, je serai à Paris, peut-être.
Au revoir,

A. RIMBAUD.

Monsieur Paul Demeny,
À Douai.

MAUVAIS SANG

Oui c'est un vice que j'ai, qui s'arrête et qui [*remarche*]
reprend avec moi, et, ma poitrine ouverte, je verrais
un horrible cœur infirme. Dans mon enfance, j'entends
ses racines de souffrance jetée à mon flanc : aujourd'hui
elle a [*monté*] poussé au ciel, elle [*renaît*] bien plus forte
que moi, elle me bat, me traîne, me jette à [*bas*] terre.

Donc, c'est dit, renier la joie, éviter le devoir, ne pas
porter au monde mon dégoût et mes trahisons supé-
rieures [*et mes...*] la dernière innocence, la dernière
timidité.

Allons, la marche! le désert, le fardeau, les coups,
le malheur, l'ennui, la colère. — L'enfer, là sûrement
les délires de mes peurs et [*illisible*] se disperse.

À quel démon [*je suis à*] me louer? Quelle bête faut-il
adorer? dans quel sang faut-il marcher? Quels cris faut-il
pousser? Quel mensonge faut-il soutenir? [*A*] Quelle
Sainte image faut-il attaquer? Quels cœurs faut-il briser?

Plutôt [*éviter d'offrir la main br*] stupide justice, de la
mort. J'entendrai [*les la*] complainte chantée [*aujour-
d'hui*] jadis [*dans*] sur les marchés. Point de popularité.

La dure vie, l'abrutissement pur, — et puis soulever

* Nous suivons le texte établi par A. Adam (Bibliothèque de la
Pléiade).

d'un poing séché le couvercle du cercueil, s'asseoir et
s'étouffer. [*Je ne vieillirai*] pas de vieillesse. Point de
dangers la terreur n'est pas française.

Ah! je suis tellement délaissé, que j'offre à n'importe
quelle divine image des élans vers la perfection. Autre
marché grotesque.

[*À quoi servent*] Ô mon abnégation [*et*] Ô ma charité
inouïes *(mon)* De profundis Domine! [*que*] je suis bête?

Assez. Voici la punition! Plus à parler d'innocence.
En marche. Oh! les reins se déplantent, le cœur gronde,
la poitrine brûle, la tête est battue, la nuit roule dans
les yeux, au Soleil.

[*Sais-je où je vais*] Où va-t-on, à la bataille?

Ah! mon âme ma sale jeunesse. Va!... va, les autres
avancent [*remuent*] les outils, les armes.

Oh! oh. C'est la faiblesse, c'est la bêtise, moi!

Allons, feu sur moi. Ou je me rends! [*qu'on laisse*]
blessé, je me jette à plat ventre, foulé aux pieds des
chevaux.

Ah!

Je m'y habituerai.

Ah çà, je mènerais la vie française, et je tiendrais le
Sentier de l'honneur.

FAUSSE CONVERSION

Jour de malheur! J'ai avalé un fameux [*verre*] gorgée
de poison. La rage du désespoir m'emporte contre tout
la nature les objets, moi, que je veux déchirer. Trois
fois béni soit le conseil qui m'est arrivé. [*M*] Les entrailles
me brûlent, la violence du venin tord mes membres,
me rend difforme. Je meurs de soif. J'étouffe. Je ne puis
crier. C'est l'enfer l'éternité de la peine. Voilà comme

le feu se relève. Va, démon, va, diable, va Satan attise-le.
Je brûle [*bien*] comme il faut, c'est un bon (bel et bon)
enfer.

J'avais entrevu [*le salut*] la conversion, le bien, le
bonheur, le salut. Puis-je décrire la vision, on n'est pas
poète [*dans*] en enfer.

[*Dès que*] C'était [*l'apparition*] des milliers de ['*Apsa-
ras?*] charmantes, un admirable concert spirituel, la
force et la paix, les nobles ambitions, que sais-je!

Ah : les nobles ambitions! ma haine. [*R*] Je recom-
mence l'existence enragée la colère dans le sang, la vie
bestiale, l'abêtissement, le [*malheur... mon malh et les
malheurs des autres*] qui m'importe peu et c'est encore
la vie! Si la damnation est éternelle. C'est [*encore*] [*la
vie encore*]. C'est l'exécution des lois religieuses pour-
quoi a-t-on semé une foi pareille dans mon esprit? [*On
a*] [*Les*] Mes parents ont fait mon malheur, et le leur,
ce qui m'importe peu. On a abusé de mon innocence.
Oh! l'idée du baptême. Il y en a qui ont vécu mal,
qui vivent mal, et qui ne sentent rien! C'est [*le*] mon
baptême [*c*] et [*l'*] ma faiblesse dont je suis esclave.
C'est la vie encore!

Plus tard, les délices de la damnation seront plus pro-
fondes. Je reconnais bien la damnation. [*Quand*] Un
homme qui veut se mutiler est bien damné, n'est-ce
pas? Je me crois en enfer, donc j'y suis. — Un crime,
vite, que je tombe au néant, par la loi des hommes.

Tais-toi. Mais tais-toi! C'est la honte et le reproche,
[*qui*] à côté de moi; c'est Satan qui me dit que son feu
est ignoble, idiot; et que ma colère est affreusement
laide. Assez. Tais-toi! ce sont des erreurs qu'on me
souffle à l'oreille, [*la*] les magies, [*l'*] les alchimies, les
mysticismes, les parfums [*fleuris?*] faux, les musiques
naïves, [*les*]. C'est Satan qui se charge de cela. Alors
les poètes sont damnés. Non ce n'est pas cela.

Et dire que je tiens la vérité. Que j'ai un jugement
sain et arrêté sur toute chose, que je suis tout prêt pour
la perfection. [*Tais-toi, c'est*] l'orgueil! à présent. Je ne
suis qu'un bonhomme en bois, la peau de ma tête se

dessèche. [*Et*] Ô Dieu, mon Dieu! mon Dieu! J'ai
peur, pitié. Ah! j'ai soif. Ô mon enfance, mon village,
les prés, le lac sur la grève le clair de lune quand le
clocher sonnait douze. [*Satan a ri*]. Et c'est au clocher.
— Que je deviens bête! Ô Marie, Sainte-Vierge, faux
sentiment, fausse prière.

DÉLIRES II : ALCHIMIE DU VERBE

        Enfin mon esprit devin[t]. . . . .
de Londres ou de Pékin, ou Ber. . . . .
qui [*disparaissent je plaisante sur*]. . . . .
de réjouissance populaire. [*Voilà*]. . . . .
les [*petits*] fournaises [*mot illisible*]. . . . .
        J'aurais voulu le désert crayeux de . . . .
        J'adorai les boissons tiédies, les boutiques fanées, les
vergers brûlés. Je restais de longues heures la langue
pendante, comme les bêtes harassées : je me traînais
dans les ruelles puantes, et, les yeux fermés, je [*priais
le*] m'offrais au soleil, Dieu de feu, qu'il me renversât
[*et*], Général, roi, disais-je, si tu as encore un vieux
canons [*sic*] sur tes remparts qui dégringolent, bom-
barde les hommes avec des [*monceau*] mottes de terre
sèche Aux glaces des magasins splendides! Dans les
salons frais! Que les [*araignées*] [*À la*] [*mot illisible*]
manger sa poussière à la ville! Oxyde des gargouilles.
À l'heure exacte après boudoirs [*du*] brules sable de
rubis les
        [*Je portais des vêtements de toile.*] Je me [*mot illisible*]
j'allais cassais [*sic*] des pierres sur des routes balayées
toujours. Le soleil souverain [*descendait*] donnait vers
[*la*] une merde, dans la vallée de la [*illisible*], son mou-
cheron enivré au centre

à la pissotière de l'auberge isolée, amoureux de la bourrache,

    et dissous   au soleil
et   qui va se fondre en un rayon

FAIM

J'ai réfléchis [*sic*] aux [*sic*] bonheur des bêtes; les chenilles étaient les foule [*sic*] [*illisible*] [*petits corps blancs*] innocen des limbes : [*l'araignée romantique faisait l'ombre*] romantique envahie par l'aube opale; la punaise, brune personne, attendait [*mots illisibles*] passionné. Heureuse [*le somm*] la taupe, sommeil de toute la Virginité]
Je m'éloignais [*du contact*] Étonnante virginité d'essay l'écrire, avec une espèce de romance.

CHANSON DE LA PLUS HAUTE TOUR

Je [*illisible*] Je crus avoir trouvé raison et bonheur. J'écartais le ciel, l'azur, qui est du noir, et je vivais, étincelle d'or de la lumière *nature*. C'était très sérieux. J'exprimai, [*le plus*] bêtement.

ÉTERNITÉ

[*Et pour comble*] De joie, je devins un opéra fabuleux.

ÂGE D'OR

À cette [*période, c'était*] c'était ma vie éternelle, non écrite, non chantée, — quelque chose comme la Pro-

vidence [*les lois du monde un*] à laquelle on croit et qui
ne chante pas.

Après ces nobles minutes, [*vint*] stupidité complète.
Je [*m*] vis une fatalité de bonheur dans tous les êtres :
l'action n'était [*pas la vie mauvaise*] qu'une façon [*de*]
instinctive de gâcher une insatiété de vie : [*seulement
moi, je laissai la sachant*], au hasard sinistre et doux,
[*un*] énervement, [*déviation*] errement. Le savoir était
la faiblesse et la cervelle. . . . .
. . . . . . .êtres et toutes choses m'apparaissaient
. . . . . . .d'autres vies autour d'elles. Ce monsieur
. . . . .un ange. Cette famille n'est pas
. . . .[*illisible*]. Avec plusieurs hommes
. . . . .moment d'une de leurs autres vies.
. . . .[*histoire*] plus de principes. Pas un des
sophismes qui. . . . . .la folie enfermée.

Je pourrais les redire tous [*et d'autres*] et bien d'autres
[*et d'autres*], je sais le système. Je n'éprouvais plus rien.
Les [*hallucinations étaient tourbillonnaient trop*]. Mais
maintenant je [*ne voudrais*] n'essaierais pas de me faire
écouter.

Un mois de cet exercice, [*je crus*] Ma santé [*s'ébranla*]
fut menacée.

J'avais bien autre chose à faire que de vivre. Les
hallucinations étaient plus vives [*plus épouvantes*] la
terreur [*plus*] venait ! Je faisais des sommeils de plusieurs
jours, et, levé, continuais les rêves les plus tristes (les
égarés) partout.

MÉMOIRE

Je me trouvais mûr pour [*la mort*] le trépas et ma
faiblesse me tirait jusqu'aux confins du monde et de
la vie, [*où le tourbillon*] dans la Cimmérie noire, patrie
des morts, où un grand... a pris une route de dangers
laissé presque toute [*illisible*] [*aux*] chez une sur emb...
tion épouvantes.

CONFINS DU MONDE

Je voyageai un peu. J'allai au nord : je [*rappelai au*] (fermai mon cerveau) Je voulus reconnaître là toutes mes odeurs féodales, bergères, sources sauvages. J'aimais la mer [*bonhomme le sol et les principes*] l'anneau magique dans l'eau lumineuse [*éclairée*] comme si elle dût me laver d'un [*me laver de ces aberrations*] souillures. Je voyais la croix consolante. J'avais été damné par l'arc-en-ciel et les [*bes*] magies religieuses; et par le Bonheur [*mon remor*] ma fatalité, mon ver, et qui [*je*] quoique [*le monde me parut très nouveau, à moi qui avais*] levé toutes les impressions possibles : faisant ma vie trop immense énervait même après que ma [*illisible*] pour armer (sincer) (seulement) bien réellement la force et la beauté.

Dans les plus grandes villes, à l'aube, ad [*diluculum*] matutinum, au Christus venit, [*quand pour les hommes forts le Christ vient*] sa dent, douce à [*la*] mort, m'avertissait avec le chant du coq.

BONR

Si faible, je ne me crus plus supportable dans la société, qu'à force de [*pitié*] Quel malheur Quel cloître possible pour ce beau dégoût ?[*illisible*]

Cela s'est passé peu à peu.

Je hais maintenant les élans mystiques et les bizarreries de style.

Maintenant je puis dire que l'art est une sottise.

[*Les*] Nos grands poètes [*illisible*] aussi facile : l'art est une sottise.

Salut à la bont.

COMMENTAIRES

NOTE DE L'ÉDITEUR

On trouvera, dans cette édition, les *Poésies, Une saison en enfer*, les *Illuminations*, plus les brouillons d'*Une saison en enfer* et les deux lettres dites du « voyant ». Il ne pouvait être question, dans les limites de cette collection, de donner la totalité de l'œuvre. Nous avons seulement voulu mettre à la portée du public les textes essentiels; pour le reste, on se reportera à l'édition de la « Bibliothèque de la Pléiade ». De même, notre annotation est réduite : elle fournit les éléments d'une critique du texte, le sens général du poème quand il y a lieu, et quelques explications de détail. Je n'ai pas cru devoir refaire toute l'histoire du texte rimbaldien et ne propose, sur ce point, que des notices très succinctes, n'ayant rien à ajouter ni reprendre à ce que d'autres ont parfaitement établi. En revanche, je suggère quelques hypothèses de lecture, ici ou là.

Telle qu'elle se présente, je veux surtout que cette édition soit — comme il convient pour Rimbaud — *discutable*.

J'ai une dette de reconnaissance envers ceux, collègues ou amis, dont la science m'a été profitable : Antoine Adam, Michel Décaudin, Étiemble, Pierre Petitfils, Pascal Pia, Marcel A. Ruff. J'exprime également ma gratitude à M. Stéphane Taute, conservateur de la bibliothèque et du musée Rimbaud, et à M. André Lebon, maire de Charleville-Mézières.

L. F.

CHRONOLOGIE SOMMAIRE

1854   *20 octobre*   Naissance, à Charleville, de Jean Nicolas Arthur Rimbaud, fils du capitaine d'infanterie Frédéric Rimbaud et de Vitalie Cuif. De cette union, est déjà né Frédéric (1853-1911); ultérieurement, naîtront : Vitalie (morte à 3 mois en 1857), Vitalie (1858-1875), Isabelle (1860-1917).

       20 novembre   Baptême d'Arthur Rimbaud.

1860   Séparation de fait des parents d'Arthur.

1862   *octobre*   Arthur entre, en 9e, à l'Institut Rossat, à Charleville. L'année suivante, il y accomplira sa 8e, puis y commencera sa 7e *(oct. 1864-Pâques 1865).*

1865   *avril-juillet*   Achève sa 7e au Collège de Charleville.

1866   *octobre*   Ayant sauté une classe, il entre en 4e, toujours au Collège. Sa scolarité se poursuit régulièrement et brillamment (1867-1868 : 3e; 1868-1869 : 2e; 1869-1870 : rhétorique). Il est nommé au palmarès du concours académique en 1869.

1870   *janvier*   Georges Izambard remplace M. Feuil-

	lâtre comme professeur de rhéto- rique au Collège. *La Revue pour* *tous* publie « Les Étrennes des orphelins ».
juillet	Guerre franco-prussienne.
1er août	Bataille de Sarrebrück.
fin août	Rimbaud se rend à Paris, via la Belgique. Arrêté à l'arrivée, il est transféré à la prison de Mazas.
2-4 septembre	Défaite de Sedan; déchéance de l'Empire; proclamation de la Répu- blique.
5-8 septembre	Rimbaud obtient son élargissement et se rend à Douai.
25 septembre	Il publie dans *Le Libéral du Nord* un compte rendu de réunion poli- tique.
début octobre	Nouveau départ : Fumay, Vireux, Givet, Charleroi, Bruxelles, Douai.
début novembre	Il est de retour à Charleville.
1871 *25 février*	Délaissant les cours du Collège, dont la réouverture est annoncée, il part pour Paris.
10 mars	Retour à Charleville.
18 mars-28 mai	La Commune de Paris, achevée dans la Semaine sanglante. Rim- baud s'est-il à nouveau rendu à Paris durant ce temps? Le fait est discuté : on perd toute trace de Rimbaud entre le 18 avril et le 12 mai.
13-14 mai	Rimbaud à Charleville; première communion de sa sœur Isabelle, le 14. Le 13 : première lettre dite du Voyant.
15 mai	Seconde lettre du Voyant.
septembre, dernière semaine	À nouveau à Paris; il est accueilli par Charles Cros et Paul Verlaine, à qui il avait écrit

et qui lui avait répondu : « Venez, chère grande âme, on vous appelle, on vous attend. » Verlaine le loge quelque temps. Il est hébergé ensuite par Banville, puis Cros *(seconde quinzaine de novembre)*.

Dès cette époque, il fréquente les Zutistes (groupe de bohème littéraire) et collabore à leur *Album*, en compagnie de Verlaine avec qui il se lie d'une amitié très particulière. Il fait des expériences de drogue (haschisch).

1872 janvier   Depuis plusieurs semaines, Rimbaud est diversement jugé : les uns prônent son génie poétique, les autres vitupèrent son inadaptation sociale. Des incidents éclatent avec quelques jeunes poètes.

fin janvier   Verlaine cherche violemment querelle à sa femme.

début mars-début mai   Rimbaud quitte Paris pour Charleville, puis revient dans la capitale.

7 juillet   Fuite de Verlaine et Rimbaud : Arras, Charleville.

9 juillet-8 septembre   Bruxelles. Fausse réconciliation de Verlaine et de sa femme. Verlaine et Rimbaud à Malines, Ostende, Douvres, Londres.

automne   Vie misérable à Londres.

décembre (le 20, au plus tard)   Rimbaud est de retour à Charleville.

1873 janvier   Il revient auprès de Verlaine malade. Nouveau séjour à Londres (jusqu'au *début avril*) : promenades, lectures au British Museum.

4 avril   Verlaine et Rimbaud quittent Douvres pour Ostende. Verlaine se rend

		à Jéhonville en Belgique, Rimbaud à Roche dans les Ardennes. Il travaille à une œuvre qui deviendra, pour partie, *Une saison en enfer.*
	fin mai	Il rejoint Verlaine. Les deux amis regagnent Londres, via la Belgique.
	3 juillet	Dispute. Verlaine part pour Ostende et Bruxelles où Rimbaud le rejoint quelques jours plus tard.
	10 juillet	Rimbaud qui faisait mine de repartir à Paris est blessé d'un coup de revolver par Verlaine, et transporté à l'hôpital Saint-Jean.
	13-18 juillet	Interrogatoires de Rimbaud, suivis de son désistement. Peu après, il rentre à Roche.
	octobre	L'impression d'*Une saison en enfer* est achevée.
1874	*mars*	Rimbaud est à Londres avec Germain Nouveau. Ce dernier rentre en France au début de l'été.
	31 juillet	Rimbaud quitte Londres. On le retrouve à Reading, où il reste jusqu'en novembre, dans un Institut pour l'enseignement des langues.
	fin de l'année	*(novembre ou décembre)* Rimbaud à Charleville (?).
1875	*février*	Rimbaud est à Stuttgart, où il revoit Verlaine (sans doute pour la dernière fois), avant d'entamer un long périple : Milan *(mai)*; Livourne, d'où il est rapatrié pour Marseille *(juin)*; Paris *(juillet)*; Charleville *(début octobre).*
1876	*avril*	Il est à Vienne. Refoulé par la police autrichienne, il revient en France.
	mai	Il gagne la Hollande, via Bruxelles.

		Il signe un engagement de six ans dans l'armée hollandaise.
	19 mai	Il atteint le port de Harderwijk.
	10 juin	Embarqué à cette date, il est « déserteur » le *15 août* à Batavia ; embarqué à nouveau sur un autre navire, il revient finalement en
	décembre	À Charleville.
1877	*mai*	Rimbaud est à Brême. Il s'offre à s'engager dans la marine américaine.
	juin	Sa présence est signalée à Stockholm.
	automne-hiver	Il part de Marseille pour Alexandrie. Malade, il est débarqué à Civitavecchia, d'où il rejoint Charleville.
1878	*printemps*	Des témoins aperçoivent Rimbaud à Paris.
	été	À Roche.
	20 octobre	Rimbaud gagne Gênes, à travers la Suisse, le Saint-Gothard et Milan.
	novembre	Il s'embarque pour Alexandrie.
	décembre	Il est employé, comme chef de chantier, dans une carrière à Chypre.
1879	*mai*	Une fièvre typhoïde oblige Rimbaud à rentrer à Roche. Il y séjourne jusqu'en mars de l'année suivante.
1880	*mars*	Nouveau départ pour Chypre. Rimbaud y dirige un autre chantier.
	juillet	À la suite d'un accident du travail qui coûte la vie à un indigène, Rimbaud quitte précipitamment son emploi [a].
	août	À Aden, il trouve à s'embaucher dans la maison Mazeran, Viannay, Bardey et Cie.

a. C'est, à ma connaissance, le plus récent détail biographique découvert. On le doit à Mme Lydia Herling-Croce (*Études rimbaldiennes*, n° 3, 1972).

	novembre	On lui confie la succursale de Harar.
1881		Rimbaud opère des expéditions dans l'intérieur du territoire.
		Il ne se fait pas à un pays qu'il souhaite quitter au plus vite.
	décembre	Il est à nouveau à Aden.
1882		Rimbaud s'ennuie en cette ville plus qu'il ne s'était ennuyé à Harar : au point qu'il accepte de revenir en ce dernier endroit.
1883		En dépit du climat d'insécurité, il organise des expéditions en Ogaden (ou Ogadine). Il établit des rapports à ce sujet; ils sont transmis à la Société de Géographie.
1884		La maison qui l'emploie est liquidée, puis reprise par les frères Bardey seuls, qui embauchent à nouveau Rimbaud.
1885	*octobre*	Mais celui-ci les quitte et décide de se lancer dans le trafic d'armes pour le compte du Choa. Il s'associe avec Labatut.
1886	*avril*	Divers obstacles retardent le projet.
	juin	Maladie, puis décès de Labatut.
	octobre	Rimbaud se lance, seul, dans l'expédition projetée.
1887	*février*	Il atteint Ankober, mais ne trouve personne avec qui négocier. Engagé dans de mauvaises affaires,
	octobre	Il revient à Aden.
1888	*février-mai*	Un trafic d'armes, entrepris avec Savouré, échoue.
	juin	Il traite avec la maison César Tian, d'Aden, pour fonder une succursale à Harar.
1891	*février*	Violentes douleurs au genou.
	avril	Retour sur Aden en litière.

mai	Hospitalisé à Marseille et, peu après, amputé d'une jambe.
juillet-août	Rimbaud est à Roche.
fin août	Il part pour Marseille. Son état rend nécessaire une admission immédiate à l'hôpital de la Conception de cette ville.
10 novembre	Rimbaud achève son « aventure terrestre ».

NOTICE

En l'espace de dix années, Racine produit ses grandes
tragédies et l'on admire une telle rapidité. Il ne faut pas plus
de cinq ou six ans à Rimbaud pour laisser à la postérité une
œuvre sans égale. L'adolescent, *de Charleville s'arrivé*,
vit dans la hâte du lieu et de la formule à découvrir. Il veut
tout expérimenter et tout savoir. Dans la fièvre d'un départ
perpétuel, il abandonne aujourd'hui le cheminement d'hier
et se lance sur une route inconnue, divergente. Mais il sait
toujours y reconnaître *l'essaim des feuilles d'or ;* et, tou-
jours, en passant, il éveillé l'aube d'été. Poésie du départ
et du mouvement, elle n'est pas faite pour les *assis.*

Pour aborder Rimbaud, il faut faire preuve d'une totale
disponibilité et se débarrasser des idées reçues, ce qui ne
veut pas dire qu'il faut ignorer ou mépriser les recherches
antérieures. Il est important de savoir, cependant, qu'un des
principaux obstacles à l'étude du poète est constitué par
l'accumulation malencontreuse de traditions de toutes sortes.
Il est vrai, aussi, que l'homme et l'œuvre posent des problèmes
réels dont beaucoup sont loin d'être entièrement résolus.

La biographie de l'enfant prodige est moins nette et
moins sûre qu'on le croit. Il nous offre le type de ces exis-
tences pour lesquelles nous connaissons de multiples détails
que nous ne parvenons pas à accorder correctement entre
eux. C'est un peu comme une chaîne qui serait dépourvue
d'une trame solide et dont on ne pourrait jamais faire un
tissu. Tel document ambigu permet à l'un d'affirmer que,
le 8 juillet 1873, Rimbaud arrive à Bruxelles, tandis que

l'autre parle du 9. La chose est, ici, d'une importance si
minime qu'on serait heureux de se heurter toujours à des
énigmes semblables. Il en est de plus irritantes. La parti-
cipation de Rimbaud à la Commune, par exemple. On sait
que, ayant quitté Paris, il rentre à Charleville le 10 mars 1871 :
vraiment huit jours trop tôt! On sait encore que, le 13 mai,
il se trouve à Charleville. Faut-il écrire : il se trouve *toujours*,
ou *à nouveau?* selon qu'on suppose, ou non, un autre voyage
dans la capitale, durant lequel Arthur aurait fait le coup de
feu parmi les insurgés. On ne sait.

Il n'y a d'ailleurs pas plus à s'étonner de nos ignorances
que des suppositions gratuites. Rimbaud aime la vie libre;
en marge de la société; il est ami des envolées soudaines et
des sentiers imprévus. Rien d'étonnant, pour le chercheur
ou l'archiviste, à ce que chaque piste se perde dans les sables!
sauf à suppléer par l'imagination aux carences de l'histoire.
Justement, Rimbaud a été un personnage suffisamment
étonnant pour qu'on se soit trouvé tenté de lui constituer
une légende dès avant sa mort. Ce qu'on sait de lui est si
surprenant qu'on n'hésite guère à remplir les vides de son
existence à l'aide d'événements supposés et, pour tout dire,
mythiques. Jamais un écrivain n'a sollicité à ce point l'illumi-
nation créatrice de ses contemporains et de la postérité.
On le sait; et pourtant l'on s'en défend mal! Il faut avoir
longtemps fréquenté Rimbaud pour dépasser les exégèses,
pour se trouver, face au poète-dieu, dans une clarté qui
n'est jamais la même pour personne. On se sent alors isolé,
tant l'œuvre vous a conduit haut et loin. Parmi les poètes les
plus rapprochés dans le temps, je ne vois guère que Nerval
— à la rigueur Lautréamont — qui me fasse éprouver les
mêmes sensations.

Il faut donc se détacher de ces visages d'Arthur Rim-
baud, dont aucun n'est ni tout à fait faux ni tout à fait vrai.
On s'écrie d'admiration devant la photographie de quelqu'un,
et l'on trouve que « c'est bien lui »! Pourtant le film n'a
saisi qu'une attitude fugitive, celle peut-être que le sujet
n'offre qu'une fois sur mille. Et soudain, en scrutant le
cliché, on saisit à la fois l'identité et la dissemblance : *ce
je est,* en même temps, *un autre!*

C'est, par exemple, un trait de Rimbaud que le côté *voyou*. Il souffle sa pipe brûlante aux naseaux d'un cheval... il déchire les poèmes d'un ami... Mais il est capable d'attendrissement et de sensibilité. Il caresse et il injurie, sans mesure et sans discernement, excessif et maladroit comme un adolescent qui s'agace lui-même de son rire en pleurs. Est-il davantage le « voyant »? On peut toujours dire que oui. Il faut pourtant reconnaître qu'on ne peut le définir de façon exclusive d'après les termes de ses lettres des 13 et 15 mai 1871. L'homme et son œuvre échappent à ces espaces limités.

C'est qu'il refuse toute contrainte; il se refuse aux pactes sociaux. Notre époque la plus récente s'est complu à découvrir un Rimbaud « gauchiste » auquel une autre pourra s'amuser à opposer l'apôtre nietzschéen d'une volonté de puissance, le chantre d'un surhomme situé au-delà du bien et du mal. À quoi l'on répliquera, pour finir, qu'une telle attitude est impossible puisque, précisera-t-on, Rimbaud vit l'expérience du mal et du péché, connaît la rédemption : il va donc de soi qu'il est chrétien. Sa sœur Isabelle, brillamment interprétée par Claudel, a fait longtemps prévaloir cette thèse. À l'inverse, Breton s'attache à démontrer le surréalisme du poète en soulignant, entre autres, son hostilité aux tabous patriotiques, religieux, familiaux, sexuels.

Devant de telles divergences, l'erreur est de se demander où est la vérité. Elle est partout et nulle part, comme cette poésie que Paul Eluard essaie de définir. Il faut accueillir Rimbaud dans sa multiplicité.

On le fait d'autant plus volontiers qu'on peut se passer, à l'extrême rigueur, de la biographie, et interroger l'œuvre seule. Encore faut-il posséder les textes de façon sûre. Je ne parle pas même des difficultés de sens qui sont réelles, mais qui relèvent d'un autre ordre.

Ce qui pose un problème, c'est l'état dans lequel nous est parvenue l'œuvre d'un écrivain, qui, à une exception près, n'a jamais recueilli sa production en volume. Seul *Une saison en enfer* apparaît comme un livre voulu dans la forme définitive qu'il revêt. Pour le reste, l'essentiel nous est livré à travers des copies, dont beaucoup ne sont pas de Rimbaud; parfois même, nous devons nous contenter, en l'absence de tout manuscrit, du texte donné par quelque petite revue. Plus grave est que l'on ignore jusqu'à la structure que l'auteur aurait donnée à ses œuvres s'il les avait recueillies; même, n'en aurait-il pas sacrifié quelques-unes? Les *Poésies*, les *Illuminations* n'ont été constituées en volume que tardivement et par des éditeurs plus ou moins diligents.

Une fois dissipées toutes ces ombres et dégagées les difficultés matérielles qui masquent l'accès direct à la connaissance de l'œuvre, on découvre quelques points de vue. L'impression la plus apparente est que Rimbaud témoigne d'une crise.

Le poète aborde l'âge d'homme en un temps de transformations économiques, sociales, morales, politiques. La guerre de 1870, qui provoque le passage d'un régime à un autre, marque, plus profondément, la fin d'une époque, la disparition d'un mode de vie et de certaines façons de penser. Positivisme et scepticisme vont triompher durant quelques années; l'anticléricalisme est promis à de beaux jours; les caractéristiques et les oppositions des classes sociales se précisent. Cependant, dès 1871, tout a paru recommencer comme avant. Charles Cros chante :

> *Voici refleurir comme avant ces drames*
> *Les bleuets, les lys, les roses, les femmes.*

Avec plus de force et de brutalité, Rimbaud dénonce « l'orgie parisienne » revenue; dégoûté, il perçoit de nouveau *l'ancien râle aux anciens lupanars*. À ses yeux, la Commune pouvait apporter un changement. Elle sombre dans un bain de sang, après quoi l'Ordre moral prend le dessus. Cette crise de maturité politique d'un pays se solde par un échec dont Rimbaud ressent durement les effets. Telle lettre à Izambard (13 mai 1871), tels poèmes le prouvent. Quant à *Une saison en enfer*, c'est bien l'œuvre de quelqu'un qui s'est trouvé aux prises avec *la réalité rugueuse*. Comme beaucoup de jeunes, surtout dans les époques de transition, il arrivait plein de joie devant la vie et d'espérance devant l'avenir. Naturellement, il refusait les valeurs admises. Puis, un matin, il est *rendu au sol*. Il semble accepter ce qu'il rejetait. Il y a peut-être là une des raisons de son silence ultérieur.

Cette crise de la société coïncide, précisément, avec la crise d'adolescence de Rimbaud. *Vivre, c'est survivre à un enfant mort*, écrit quelque part Jean Genet. Peut-être le mot, vrai pour beaucoup, s'applique-t-il encore plus étroitement à ce jeune gamin. Jusque dans les *Illuminations* les plus tardives (autant qu'une sûre chronologie soit possible), le thème de l'enfant revient comme une obsession.

> *J'eus une fois une enfance aimable...*

Il suffit de lire ces textes pour retrouver tout ce qui peut choquer ou préoccuper un adolescent.

Constamment, il se heurte à l'hostilité ou à l'incompréhension. Les *assis* ne sont pas seulement des « hommes-chaises », sortes de phénomènes monstrueux qu'on pourrait à la rigueur contempler comme des curiosités. Ils sont dangereux. Malheur à l'imprudent qui les dérange :

> *Oh ! ne les faites pas lever [...]*
> *Ils ont une main invisible qui tue [...]*
> *Rassis, les poings noyés dans des manchettes sales,*
> *Ils songent à ceux-là qui les ont fait lever.*

Un abîme se creuse entre le jeune homme de dix-sept ans et tous ceux qui roulent *dans la bonne ornière : prêtres, professeurs, maîtres*. De part et d'autre, la conception des valeurs est si opposée que toute entente devient impossible. Rimbaud refuse de jouer un jeu social dont il dénonce les règles : pourquoi — demande-t-il — serait-il une brute, un être immoral? Ceux qui le condamnent se trompent; il faut les en persuader. « Mauvais sang » pose ces questions en termes dramatiques.

Parmi les croyances imposées et les contraintes inutiles, Rimbaud n'omet pas la religion. Ce n'est pas par un anti-cléricalisme de façade, ni un goût de la provocation manifesté en gestes et propos qu'Ernest Delahaye s'est complu à rapporter. Ce n'est pas même dans certaines créations ou formules caricaturales qu'il faut chercher le sentiment de l'adolescent : pas plus dans l'évocation du séminariste amoureux que dans l'évocation de l'homme *noir grotesque dont fermentent les pieds*, prétextes à quolibets. Attitude révélatrice cependant : Rimbaud s'en prend aux prêtres, au dogme, à tout ce qui fait de la religion une grande machine à asservir. « Les Pauvres à l'église » dénonce ce christianisme dispensateur d'illusions, propagateur de l'abêtissement humain.

Une telle attitude rejoint l'illuminisme démocratique et social qui fait compatir d'instinct aux misères populaires. Cette tendance est flattée et confirmée par la lecture de quelques-unes des œuvres de Michelet ou de Victor Hugo. On la retrouve dans « Le Forgeron » ou « Les Mains de Jeanne-Marie ». *Le Monde a soif d'amour*, écrit Rimbaud. Cet être, souvent timide, mais qui se donne des airs de « casseur », proteste et s'indigne et veut *changer la vie* au nom d'une générosité très naturelle à un esprit jeune. Souvent, révolte et charité marchent de pair.

Alors, n'est-ce pas le mot *amour* qui permettrait de comprendre le mieux Rimbaud? L'amour, c'est cette forme de compréhension et d'altruisme qui suscite la volonté de changement et se heurte aussitôt à des interdits et des impossibilités. Et puis, c'est aussi l'inquiétude sexuelle de la puberté. Rimbaud n'y échappe nullement. Un critique (dont je respecte l'anonymat puisqu'il l'a voulu) écrit : « De quoi voulait-on qu'il nourrît sa poésie à quatorze, dix-sept ou dix-neuf ans, sinon des tourments — et des jeux — de la puberté et de l'adolescence? A ces âges, le commun des mortels peut traverser pareilles épreuves, mais ne risque pas d'en *nourrir un génie littéraire*, qui demande normalement beaucoup plus d'années pour atteindre à la maîtrise d'expression du jeune Rimbaud. Le commun des mortels va jusqu'à éliminer de sa mémoire les inepties et les dépravations purement cérébrales d'une courte période de l'existence.

« *Rimbaud, lui, en laisse une trace indélébile et publique.* »

Il est bien vrai que l'œuvre est la défense et illustration de plus d'un jeu de la sexualité. Il serait absurde de s'en

choquer; mais il est dangereux d'y voir l'unique expli-
cation de la création poétique. La même précocité, qui
rend vraisemblable la transposition d'inquiétudes érotiques
sur le plan littéraire, justifie la multiplicité d'intérêts
que manifeste Rimbaud. Il n'en reste pas moins que,
déréglés ou non, les sens tiennent un rôle capital dans ces
poèmes.

Une saison en enfer tente de surmonter le déchirement
et le déséquilibre de cette adolescence. C'est au prix d'un
sacrifice; il n'est pas impossible qu'à partir de là Rimbaud
survive réellement, en effet, à un enfant mort.

Cet enfant a eu la rage d'écrire! Dès le collège, il rédige
des vers latins dignes de retenir l'attention; en même
temps, il remet des devoirs français d'une habileté surpre-
nante. L' « Invocation à Vénus » (traduite d'un célèbre pas-
sage de Lucrèce) est plus qu'un bon travail pour un élève
âgé de quinze ans. Quant au discours de Charles d'Orléans
à Louis XI, composé un an plus tard, il dénote de précieuses
qualités d'observation et d'assimilation. Il est à la limite du
pastiche, genre à quoi Rimbaud se laisse aller dans l'*Album
zutique*.

En effet, très sensible aux lectures et aux influences,
il décèle vite les procédés d'un texte. Il est également
apte à « faire » du Villon, du Victor Hugo, du Banville ou du
Coppée..., avant de faire du Rimbaud! Mais qu'on y prenne
garde : ce don est singulièrement dangereux. D'un côté
— et par le biais d'une parodie consciente ou non — c'est
une façon de jeter le discrédit sur ce qui est faussement
pris au sérieux : rien n'est plus séditieux. D'un autre côté,
rien ne prouve davantage l'intérêt que, tout jeune, Rimbaud
accorde au fait d'écriture. Cette conscience aiguë de la
fabrication littéraire (*poésie*, au sens étymologique) me
paraît aussi importante que le contenu créé.

N'est-ce pas l'adolescence que ce vouloir écrire pour
devenir soi-même? Et l'adolescence toujours que ce mélange
de volonté destructrice et de désir créateur?

Il me semble que, si Rimbaud traduit précocement en
poèmes les inquiétudes et les déchirements d'un âge de
transition, il n'y a pas lieu de chercher à son œuvre de signi-

fication ésotérique, mystique, compliquée (ce qui ne veut pas dire que l'expression, elle, soit toujours simple); il ne faut pas davantage y rechercher, à toute force, une unité factice (ce qui n'empêche pas d'être attentif à des thèmes, des idées forces, des mots clefs). Nous sommes devant une suite d'*essais*, au sens strict où Montaigne l'entendait, c'est-à-dire d'expériences ou de tentatives.

Ainsi, toute volonté de ramener à une seule image cet adolescent divers qui se cherche est une monstruosité; pour ce qui est du même être, devenu homme, il nous échappe, prétendant n'avoir plus rien à faire de la littérature. C'est qu'il ne trouve peut-être pas de solutions aux expériences qu'il tente. Comme sa vie, son œuvre est une perpétuelle remise en question d'elle-même. Elle est diverse; elle est inégale : pourquoi chercher à le dissimuler, puisqu'il est le premier à condamner — jusqu'à en cesser d'écrire — de réelles faiblesses? C'est la rançon d'une évidente volonté de renouvellement.

Chaque texte apparaît donc comme un objet constitué en un tout sensé et cohérent. Ce n'est ni un rébus, ni un puzzle éclaté. Aller au sens littéral doit être la tâche essentielle du lecteur; Rimbaud a voulu se faire entendre (et quand il transmet un message codé, il invite à chercher la clef). *Ça* [son poème] *ne veut pas rien dire*, affirme-t-il. Et c'est ici que reprennent batailles et divergences.

Pour simplifier, disons que certains tiennent l'œuvre pour la pure transposition de faits biographiques; d'autres en font une vue abstraite et sublime de l'esprit. Depuis de longues années, Rimbaud se trouve ainsi aux prises avec les historiens et les métaphysiciens. Il y a gros à parier que ni les uns ni les autres n'ont expérimenté ce qu'est écrire un poème ou un roman.

Rimbaud nous dit comment un texte est signifiant : *littéralement et dans tous les sens*. Il n'a pas un sens *ou* un autre; il est une multiplicité de possibles. C'est proclamer que, dans une telle poésie, le mot reprend l'initiative de dire tout ce qu'il peut. En cela tient la recherche essentielle de Rimbaud, comme celle de Mallarmé. Au discours linéaire et rationnel, ils substituent l'explosion de chaque mot, bibelot qui s'abolit dans les multiples directions de sa gerbe de feu.

La difficulté de la poésie rimbaldienne tient en ces sollicitations divergentes et qui toutes cependant — comme la palme scintillante d'une pièce d'artifice — sont issues du même noyau dynamique et fulgurant, devenu obscur aussitôt qu'éclaté en « illumination ». Il me semble donc intéressant et fructueux de mener diverses lectures : au point de convergence, est le cœur « éclatant » du poème.

Deux lectures, notamment, peuvent interférer, surtout dans les *Illuminations*. L'une s'inscrit dans le temps et traduit l'expérience personnelle de l'auteur : ainsi la trame de « Mémoire » ou d' « Enfance » est constituée d'éléments repérables dans la biographie (quoique souvent disjoints et bouleversés). Mais le poème n'existe pas tant qu'on n'a pas entrelacé la chaîne. Elle est ce qui échappe au temps, ce qui opère une distorsion sur l'expérience, une modification sur l'espace au profit d'une vision plus profondément symbolique. Rimbaud le dit : il s'est habitué à voir une chose à la place d'une autre; nous savons aussi qu'il juxtapose parfois des moments différents de son existence. C'est qu'il s'intéresse moins aux faits eux-mêmes qu'à l'*idée* commune à ces faits, à leur ensemble et aux relations qui les unissent. Il n'y a pas à s'étonner d'une telle démarche : elle est poétique par excellence et, surtout, naturelle à un bon élève également doué en mathématiques et en lettres. A la limite, Rimbaud apparaît, avec Baudelaire et surtout Nerval, comme quelqu'un qui substituerait une poésie des ensembles à une vieille poésie analytique.

Ainsi remet-il en question les formes traditionnelles, et se remet-il lui-même en question jusqu'à parvenir à cette hantise de l'artiste : la page blanche, ou le silence.

NOTES

POÉSIES

A quelques exceptions près, Rimbaud n'est pour rien dans la publication de ses vers. La majorité de ses poèmes parut, après son départ pour l'Afrique ou après sa mort, dans de petites revues, puis en deux éditions : Le Reliquaire *(Genonceaux, 1891, avec une préface de Rodolphe Darzens) et* Poésies *(Vanier, 1895).*

Pierre Petitfils a étudié la tradition manuscrite de ces pièces (Études rimbaldiennes, 2, 1970). Nous retiendrons ici : le recueil constitué, en octobre 1870, pour Paul Demeny (jeune poète de Douai qu'il a connu par l'intermédiaire d'Izambard), et les copies prises par Verlaine en 1871. Ce sont les ensembles manuscrits les plus importants, ce ne sont pas les seuls ; ils nous ont paru les plus sûrs et c'est leur leçon que nous avons généralement adoptée. Quant au classement des poèmes, il suit — autant qu'il est possible de le déterminer — l'ordre chronologique de composition.

A l'imitation de la récente édition d'Antoine Adam (« Bibliothèque de la Pléiade ») et pour les mêmes motifs, nous avons rompu avec quelques traditions. En particulier, la dénomination de « Derniers vers » nous a semblé sans fondement ; mais « Vers nouveaux », que nous adoptons, est-il mieux ? Il est toujours difficile de prendre en charge, pour en faire un volume, l'œuvre éparse d'un génie !

LES ÉTRENNES DES ORPHELINS

page 19

1. *La Revue pour tous*, 2 janvier 1870.

Ce premier poème français de Rimbaud (il avait, aupara-
vant, écrit des vers latins) évoque « Les Pauvres gens »
de Victor Hugo. Il présente, également, des analogies avec
des textes moins connus : « L'Ange et l'enfant » de J. Reboul,
et « Les Enfants trouvées » de François Coppée. Mais il faut
aussi reconnaître en ce texte la timide annonce de thèmes
largement développés plus tard, et l'aveu éclatant d'un
malaise de l'adolescent à l'égard des siens.

2. Sourire en pleurs, chanson grelottante : voilà une
forme de doux-amer que toute une tradition classique a pu
inculquer au jeune garçon. L'accueillerait-il avec tant de
ferveur si elle ne correspondait à une constante de son
tempérament?

3. Cet hémistiche et le vers précédent contiennent des
images que préciseront la « lettre du voyant » et les *Illumi-
nations.*

page 20

1. Le rêve d'une douce présence maternelle, l'absence
du père sont, en ce poème, deux éléments troublants, si on
les rapproche de la situation familiale de Rimbaud.

page 21

1. Il y a là six vers qui annoncent « Le Buffet » (cf. les notes
de ce poème).

page 22

1. Les bambins s'émerveillent à la vue d'objets qui sont
des couronnes mortuaires faites de perles. Il est clair,

cependant, que l'idée de mort est rejetée au second plan et que, en opposition avec le souvenir d'une récente tristesse, surgit l'image d'enfants radieux dans une aube ensoleillée : autant de notations que Rimbaud saura bientôt réutiliser.

page 23

SENSATION

1. Joint à une lettre du 24 mai 1870 adressée à Théodore de Banville : les vers n'y possèdent pas de titre et sont datés du 20 avril 1870.

Autographe dans le recueil Demeny (oct. 1870). C'est le texte que nous suivons.

Première publication dans *La Revue indépendante*, janvier-février 1889.

Par l'intermédiaire des sens, le poète se laisse porter vers l'inconnu : une affirmation essentielle de la lettre à Izambard, du [13] mai 1871, est ici en germe.

On peut rapprocher certains détails du poème « Le But » dans *Le Coffret de santal* de Charles Cros (éd. de 1879).

SOLEIL ET CHAIR

2. Joint à la lettre à Banville du 24 mai 1870; daté du 29 avril 1870 et intitulé « Credo in unam ».

Autographe dans le recueil Demeny (texte que nous suivons, à une exception près, cf. note ci-dessous).

Première publication : *Le Reliquaire*, 1891.

Encore un poème manifestement riche de souvenirs littéraires : on songe à Horace, à Virgile, à l'invocation à Vénus de Lucrèce; plus proches encore on évoque : Chénier, « Rolla » de Musset et « Le Satyre » ou « Le Sacre de la femme » de Victor Hugo, surtout « L'Exil des dieux » et « La Cithare » de Théodore de Banville. Pourtant, au-delà de ces lectures, le jeune collégien se forme confusément son idée de l'homme devant un paganisme opposé aux illusions du scientisme moderne. Une destinée de l'humanité est entrevue ici dont le sens s'approfondira et se précisera dans certaines *Illuminations* et dans *Une saison en enfer.*

page 26

1. Ces vers et plusieurs autres, dans ce poème, font penser à quelques-unes des pièces de *La Doctrine de l'amour* de Germain Nouveau.

page 27

1. Les vers qui précèdent, depuis « *Ô l'Homme* », manquent dans le manuscrit Demeny. On ne sait si la suppression est due à la volonté de Rimbaud ou à la disparition ultérieure d'un feuillet du manuscrit.

page 28

1. Un des noms de Bacchus. Selon une tradition mythologique, il aurait consolé Ariane, abandonnée par Thésée.

page 29

OPHÉLIE

1. Manuscrit daté du 15 mai 1870 et joint à la lettre à Banville du 24 mai 1870.

Deux autographes : l'un donné à Izambard, l'autre dans le recueil Demeny. Nous suivons ce dernier texte.

Première publication dans *Le Reliquaire.*

Rimbaud brode sur l'aventure imaginée par Shakespeare : le thème d'Hamlet et le sujet d'Ophélie sont à la mode. La musicalité du poème, ses dissonances savamment calculées, son caractère déjà préraphaélite pouvaient séduire Banville. Aussi intéressants apparaissent le goût de « *l'âpre liberté* », le désir et l'angoisse de s'abandonner au cours des flots, le fait que cette mort soit à l'inévitable prix dont se paye la connaissance de certains secrets. Et je n'oublie pas les vers où se pressent un drame de la création rimbaldienne : « *Tes grandes visions étranglaient ta parole.* »

BAL DES PENDUS

1. Autographe du recueil Demeny (texte adopté).
Première publication dans le *Mercure de France*, 1er novembre 1891.

Le thème de la danse macabre était à la mode. Rimbaud le reprend, et se souvient de Gautier *(Bûchers et tombeaux)* ou de Banville *(Gringoire)* plus que de Villon. On peut confronter ce poème avec une composition française de Rimbaud : « Lettre de Charles d'Orléans à Louis XI », qui date de la même année 1870 (« Bibliothèque de la Pléiade », p. 175).

LE CHÂTIMENT DE TARTUFE

1. Autographe du recueil Demeny (texte adopté).
Première publication : *Le Reliquaire*.

Ce poème manifeste le même anticléricalisme que *Un cœur sous une soutane*, texte que Rimbaud composa vraisemblablement à la même époque (1870).

LE FORGERON

1. Autographe du recueil Demeny (texte adopté).
Un autre autographe, donné à Izambard, s'arrête au v. 156 (« Que te disais-je donc? Je suis de la canaille! »).
Première publication : *Le Reliquaire*.

2. Var. ms. Izambard : *vers le 20 juin 1792*. C'est à cette dernière date, en effet, que Louis XVI, interpellé par le boucher Legendre fut contraint de coiffer le bonnet phrygien.

3. Ce développement est peut-être inspiré par une illustration de l'*Histoire de la Révolution française* de Thiers.

Plus loin, l'influence de Hugo et Michelet est visible. L'essentiel est l'inspiration démocratique du poème : un « cri du peuple » qui fait songer à Jules Vallès. Il est évident que, à travers Louis XVI, Napoléon III est visé. Il me semble, aussi, que l'anecdote intéresse Rimbaud en ce qu'elle met en scène des hommes qui, prenant leur destinée en main, se découvrent soudain forts et libres : aventure politique et aventure poétique se confondent.

page 38

1. Ces vers sont comme un écho de « Mon rêve familier » de Verlaine, d'abord publié dans *Le Parnasse contemporain* de 1866.

page 39

À LA MUSIQUE

1. Un autographe donné à Izambard.
Autographe du recueil Demeny (texte suivi).
Première publication : *La Revue indépendante*, janvier-février 1889.
Le concert auquel Rimbaud fait allusion a été donné, selon toute vraisemblance, le 7 juillet 1870. Le poème est composé peu après.
2. Il s'agit de la polka-mazurka des *Fifres* de Pascal.
3. Var. : « *Les notaires montrer leurs breloques à chiffres.* » (Ms. Izambard.)

page 40

1. *Bureaux = employés de bureaux.*

page 41

« MORTS DE QUATRE-VINGT-DOUZE... »

1. Autographe du recueil Demeny (texte adopté).
Première publication : *Le Reliquaire*.
Au moment où se préparait la déclaration de guerre,

un article du *Pays* — journal bonapartiste des frères Cassa-gnac — justifia les hostilités au nom des traditions révolu-tionnaires (16 juillet 1870). Rimbaud s'indigna d'une telle « tartuferie ».

2. C'est la date portée sur le manuscrit. Un témoignage d'Izambard, qu'il n'y a pas de raison sérieuse de suspecter, invite à placer la première composition du poème autour du 17 juillet 1870.

page 41

VÉNUS ANADYOMÈNE

3. Un autographe donné à Izambard (daté du 27 juillet 1870).

Autographe du recueil Demeny (texte adopté).

Première publication : *Mercure de France*, 1er novembre 1891.

Il est possible que Rimbaud ait à l'esprit, en composant ce poème, « Les Antres malsains », une pièce des *Vignes folles* d'Albert Glatigny. Plusieurs poèmes, sans compter la collaboration à l'*Album zutique*, montrent assez que l'adolescent goûtait ce genre de réalisme. C'était une façon de marquer son mépris à toutes les Vénus du Parnasse qu'elles soient « *en marbre ou non* ».

page 42

PREMIÈRE SOIRÉE

1. Un autographe donné à Izambard.

Autographe du recueil Demeny (oct. 1870) : texte adopté.

Première publication : *La Charge*, 13 août 1870 (sous le titre : « Trois baisers »).

Le ton élégiaque et presque convenu, très différent de celui des poèmes du temps de la guerre, invite à placer la composition de ces vers autour de mai-juin 1870. On peut rapprocher cette pièce d' « Intérieur » de Charles Cros, paru en mai 1870 dans *L'Artiste*.

page 43

LES REPARTIES DE NINA

1. Autographe donné à Izambard. Titre : « *Ce qui retient Nina* »; daté : 15 août 1870.
Autographe du recueil Demeny (texte adopté).
Première publication : *Le Reliquaire*.

page 44

1. Var. : une strophe supplémentaire dans le ms. Izambard.

> *Dix-sept ans ! Tu seras heureuse !*
> *Oh ! les grands prés,*
> *La grande campagne amoureuse !*
> *— Dis, viens plus près !...*

page 46

1. Var. : cette strophe ne figure pas dans le ms. Izambard.

page 47

1. Var. : le ms. Izambard contient après ce vers une strophe supplémentaire :

> *Noire, rogue au bord de sa chaise,*
> *Affreux profil,*
> *Une vieille devant la braise*
> *Qui fait du fil ;*

2. Si le mot *bureau* signifiait *employé de bureau* (cf. « A la musique »), il faudrait comprendre que Nina trahit le narrateur pour un « assis », acte sans rémission. Le poème s'opposerait au romantisme de « Première soirée ».

Il faut surtout relever dans ce poème un maniement neuf et ferme du rythme et de la langue.

LES EFFARÉS

3. Autographes : recueil Demeny daté du 20 septembre 1870 (texte adopté); ancienne collection Matarasso : copie envoyée par Rimbaud à Jean Aicard, datée *Juin 187.;* copie prise par Verlaine.

Première publication **:** *The Gentleman's Magazine,* janvier 1878, sous le titre « Petits pauvres »; *Lutèce,* 19 octobre 1883.

Verlaine voit dans ce poème quelque chose de « gentiment caricatural et de si cordial ». De nombreux détails permettent de penser que Rimbaud met, aussi, dans ces vers « une part vraie de lui-même » (E. Noulet).

page 49

ROMAN

1. Autographe du recueil Demeny (texte adopté), daté du 29 septembre 1870.

Première publication : *Le Reliquaire.*

En dépit de la date portée sur le ms., le poème remonte probablement à juin 1870. Il est à rapprocher de « Première soirée », et des « Reparties de Nina ». Comme ce dernier texte, il est ambigu : on y sent, à la fois, l'abandon au romanesque et la conscience ironique qu'on en prend.

page 51

LE MAL

1. Autographe du recueil Demeny (texte adopté).

Première publication : *La Revue indépendante,* janvier 1889.

Le mal : est-ce Dieu lui-même, comme le pense Antoine

Adam? Est-ce le fait que Dieu s'endorme au bruit de la mitraille et s'éveille à celui de l'or? L'important est que, en évoquant le problème du mal, Rimbaud retrouve une contradiction interne de la religion qui a toujours alimenté la polémique et la propagande philosophique et anticléricale.

2. *Écarlate* évoque le fameux pantalon garance de l'ancien uniforme français (cf. *Le Fifre* de Manet); le *vert* est la teinte d'une pièce de l'uniforme prussien.

RAGES DE CÉSARS

3. Autographe du recueil Demeny (texte adopté).
Première publication : *Le Reliquaire.*
Le poème est postérieur au désastre de Sedan (2 sept. 1870). Il vise explicitement Napoléon III, mais le pluriel du titre étend la condamnation à toute tyrannie, dont la liberté finit par triompher.

4. Après Sedan, l'Empereur fait prisonnier a été conduit au château de Wilhelmshohe.

5. Le palais impérial (incendié durant la Commune); plus bas, Saint-Cloud est, également, une résidence impériale.

page 52

1. Probablement Émile Ollivier, ministre responsable de la déclaration de guerre.

RÊVÉ POUR L'HIVER

2. Autographe du recueil Demeny (texte adopté).
Première publication : *Le Reliquaire.*
Le poème date du début d'octobre 1870 et coïncide avec une fugue en Belgique. Il poursuit ce que j'appellerai le cycle du « *rêve sentimental* » (« Première soirée », « Roman », « Les Reparties de Nina »), tout en se chargeant d'expériences probables dont « Au cabaret vert » et « La Maline » gardent la trace atténuée.

3. On notera, dans les poèmes de cette période, un intérêt tout spécial porté à la couleur.

page 52

LE DORMEUR DU VAL

1. Autographe du recueil Demeny (texte adopté).

Première publication : *Anthologie des poètes français*, t. IV, Lemerre, 1888.

Il importe assez peu que Rimbaud ait vu ou non un spectacle qu'il est assez capable d'imaginer tout seul. L'essentiel reste le ton d'amertume ironique, analogue à celui du « Mal »; et la recherche d'un rythme neuf qui démembre l'alexandrin; enfin, non seulement l'utilisation des couleurs, mais le rendu d'impressions lumineuses (« un petit val qui mousse de rayons », « lit vert où la lumière pleut »).

2. Glaïeul d'eau ou fleur de glais.

AU CABARET-VERT

3. Autographe du recueil Demeny (texte adopté).

Première publication : *La Revue d'aujourd'hui*, 15 mars 1890.

Un des poèmes qui, avec « Rêvé pour l'hiver » et « La Maline », se rattachent à l'équipée belge de 1870. Ce n'est pas seulement une scène de genre dans le goût parnassien que brosse Rimbaud : moins ivre de bière que de « liberté libre », il s'assied, comme dira Cros, « à la table des heureux ».

4. Une *Maison-Verte*, auberge de routiers, existait à Charleroi en 1870.

page 54

LA MALINE

1. Autographe du recueil Demeny (texte adopté).

Première publication : *Le Reliquaire*.

Encore une notation relevée durant la randonnée belge. C'est la fête des cinq sens auxquels Rimbaud s'abandonne avec bonheur et sans réserve.

page 55

L'ÉCLATANTE VICTOIRE DE SARREBRÜCK

1. Autographe du recueil Demeny (texte adopté).
Première publication : *Le Reliquaire.*
La « bataille » de Sarrebrück (2 août 1870) fut un accro-
chage sans intérêt. Mais les journaux en firent une victoire
des troupes françaises. L'image aux couleurs d'Épinal,
que dessine Rimbaud, est agressive et faussement naïve.
2. Personnage-type du soldat naïf.
3. Type du soldat naïf. Ce nom est également employé
par Laforgue, dans le poème « Idylle » (*Poésies*, éd. Pascal
Pia, Livre de Poche, p. 379).
4. Nouveau type de fusil, expérimenté en 1870, et dont
on attendait des merveilles.
5. Personnage farfelu sorti du journal satirique *La Lan-
terne de Boquillon.*

page 56

LE BUFFET

1. Autographe du recueil Demeny (texte adopté).
Première publication : *Anthologie des poètes français,*
t. IV, Lemerre, 1888.
Scène de genre? ou prescience d'un au-delà des choses
à quoi Rimbaud se montre, déjà, sensible?

MA BOHÈME

2. Autographe du recueil Demeny (texte adopté).
Première publication : *La Revue indépendante,* janvier 1889
(daté : oct. 1870).
3. Le patelot élimé, usé, devient une simple apparence.

page 57

LES CORBEAUX

1. *La Renaissance littéraire et artistique*, 14 septembre 1872.

Un problème de date se pose qui engage le sens du poème : ces vers sont-ils de 1871, ou de 1872? Antoine Adam, qui opte pour la seconde date, la justifie ainsi : Rimbaud, revenu dans les Ardennes en 1872, « médite sur sa défaite. Car son séjour à Paris s'est terminé par une défaite. Il la compare à celle de la France. Mais la sienne est définitive. C'est une *défaite de l'avenir* ». J'adopte aussi cette date.

page 58

LES ASSIS

1. Texte de la copie faite par Verlaine, vers septembre 1871.

Première publication : *Lutèce*, 12-19 octobre 1883.

Poème d'une extrême richesse. D'abord par l'exubérance et l'audace des néologismes. Ensuite par l'originalité de la vision. Rimbaud saisit le temps d'une métamorphose : celui où des êtres humains deviennent des « corps-chaises » et ne peuvent plus se trouver rappelés à leur dignité d'hommes. Même, celui qui les forcerait à se lever, en criant *debout* ou *en avant* (le poète, autrement dit), y risquerait gros. D'où le danger encouru par une poésie qui se conçoit comme arrachement au monde.

page 60

TÊTE DE FAUNE

1. Texte de la copie faite par Verlaine, vers septembre 1871.

Première publication : *La Vogue*, 7-14 juin 1886.

Poème tout en nuances et en échos discrets. C'est une des pièces qui éclairent cette confidence de Rimbaud à son

ami Delahaye : « Nous avons seulement à ouvrir nos sens
à la sensation, puis fixer avec des mots ce qu'ils ont reçu,
et (...) notre unique soin doit être d'entendre, de voir et de
noter. Et cela, sans choix, sans intervention de l'intelli-
gence. Le poète doit écouter et noter *quoi que ce soit.* »

LES DOUANIERS

2. **Texte de la copie faite par Verlaine, vers septem-
bre 1871.**
Première publication : *Revue littéraire de Paris et de Cham-
pagne,* octobre 1906.

Libre fantaisie autour d'un souvenir réel : le franchisse-
ment de la frontière franco-belge. Les douaniers se conten-
taient, au passage, de tapoter le dos et l'estomac des pro-
meneurs. Débonnaires, ces représentants de l'autorité n'en
restent pas moins vigilants à toutes formes de maraudes :
ébats des faunesses, appétit de savoir des Fausts, brigan-
dages des Diavolos! Il est des frontières à ne pas franchir.
3. Les soldats allemands postés aux frontières depuis les
traités de paix.

pagne 61

1. *Fra Diavolo* de Scribe et Auber.
2. Quand il s'agit de « jeunesses », le tapotement rituel
sur l'estomac se mue en appréciation des « appas »!

ORAISON DU SOIR

3. Autographe donné à Léon Valade (Bibl. munic. de
Bordeaux) : texte adopté.
Copie par Verlaine, vers octobre 1871.
Première publication : *Lutèce,* 5-12 octobre 1883.
Nous avons ici l'un des premiers poèmes blasphématoires
et provocateurs dont Rimbaud émaillera son œuvre jusqu'à

l'*Album zutique* au moins. Le ton en est assorti au comportement que, selon Delahaye, le jeune poète se donne entre octobre 1870 et février 1871.

4. Une Gambier est une pipe de qualité médiocre, inférieure à l'Onnaing, déjà citée (cf. p. 40). Rimbaud cite encore cette marque dans le poème « Paris » de l'*Album zutique.*

5. Le Dieu de la Bible. L'hysope était cité dans la formule rituelle de l'aspersion selon l'ancienne liturgie romaine : faut-il y voir une plaisanterie supplémentaire de Rimbaud?

6. Le vers sera repris en exergue du poème parodique intitulé « Sonnet libertin » des *Déliquescences d'Adoré Floupette.* Dans ce recueil, paru en 1885, G. Vicaire et A. Beauclair moquaient la mode décadente.

page 62

CHANT DE GUERRE PARISIEN

1. Autographe dans la lettre, dite « du voyant », de Rimbaud à Demeny, 15 mai 1871 (texte adopté).

Première publication : *Le Reliquaire.*

Ce « psaume d'actualité », comme l'appelle Rimbaud, évoque le temps de la Commune, avec quelques inexactitudes de détail que l'éloignement probable et la méconnaissance des banlieues justifient. Pour le titre et le rythme, on peut songer à une parodie du « Chant de guerre circassien » de François Coppée.

2. Les obus sont lancés depuis la région résidentielle de Versailles où Thiers s'est réfugié après la proclamation de la Commune.

3. Évocation de la célèbre chanson populaire.

4. Il s'agit des obus.

5. Picard, en janvier 1871, fut chargé avec Favre de négocier la capitulation. En février, Thiers l'appela au ministère de l'Intérieur. L'expression *des Éros* doit se lire en marquant la liaison! Appliqué à Thiers et Picard ce

nom évoque la caricature qui les représentait, en compagnie de Jules Favre (ministre des Affaires étrangères) sous les traits des Trois Grâces.

6. Les bombes au pétrole donnent aux quartiers qu'elles incendient les tons rougeâtres de certaines toiles de Corot.

7. Jeux de mot sur *trope* (figure de rhétorique) et *trope*, vieux mot pour *troupe* (cf. Du Bellay « À vous trope légère »...).

8. Les textes imprimés donnent *Turc*, qui est une erreur. Mais *Truc* peut constituer un jeu de mot à partir de *Turc*. Dans la fin du « Chant de guerre circassien » de Coppée, les veuves des guerriers sont invitées à se vendre aux marchands turcs. Les trois hommes politiques ne seraient pas « trois Grâces » mais trois putains familières du grand bordel politique, du Grand Truc (analogique avec le Grand Seize, le plus grand des salons du Café Anglais, qui voyait passer nombre de soupeuses vénales). Antoine Adam pense que le Grand Truc c'est Dieu, garant de l'ordre.

9. Le larmoiement de Favre était un sujet de moquerie.

page 63

1. C'est le parti des gros propriétaires conservateurs. Plusieurs allusions restent encore obscures dans ce texte : des confrontations systématiques avec des caricatures du temps et avec *Le Cri du peuple* de Vallès seraient fructueuses.

MES PETITES AMOUREUSES

2. Autographe dans la lettre, dite « du voyant », de Rimbaud à Demeny, du 15 mai 1871 (texte adopté).

Première publication dans *Le Reliquaire*.

Le titre est inspiré par un poème de Glatigny, dans *Les Flèches d'or*. Le poème s'oppose violemment au cycle du « rêve sentimental » écrit l'année précédente.

3. La pluie, tout simplement!

4. Il n'est pas impossible que les vers 3 à 8 aient un sens érotique.

page 64

1. Sorte de brillantine.
2. *Fouffe* = chiffon (parlers du Nord). Je pense que les filles incriminées sont invitées à plaquer sur leur poitrine mal faite un rembourrage en chiffons. Certains comprennent *fouffe* au sens de *gifle*.

page 65

ACCROUPISSEMENTS

1. Autographe dans la lettre, dite « du voyant », de Rimbaud à Demeny, du 15 mai 1871 (texte adopté).
Première publication : *Le Reliquaire*.
2. *Darne* est employé dans les Ardennes au sens de *pris de vertige*.

page 66

LES POÈTES DE SEPT ANS

1. Autographe dans la lettre à Demeny du 10 juin 1871 (texte adopté).
Première publication : *Le Reliquaire*.
Le poème est révélateur des sentiments de Rimbaud enfant et adolescent. Mais il est surtout intéressant parce qu'il annonce, de très près, « Le Bateau ivre ».

page 67

1. S'illuminait des clartés de la lune.
2. Cf. « Accroupissements », n. 2, p. 65.

page 69

L'ORGIE PARISIENNE OU PARIS SE REPEUPLE

1. *La Plume*, 15 septembre 1890.
Nous ne possédons pas de copie, ni d'autographe pour ce texte. Nous suivons la leçon de l'édition Berrichon, 1912, corrigée.

Marcel A. Ruff a montré que ce poème ne pouvait pas viser les lendemains de la Commune. Il évoque un Paris que Rimbaud a connu : celui de la fin de la guerre entre la France et l'Allemagne. Certaines classes de la société affichèrent alors une joie scandaleuse. Aux « pourris », Rimbaud promet clairement des lendemains vengeurs.

On lit, dans une lettre d'un Parisien, à cette époque (23 févr. 1871) : « Les Prussiens, on n'en parle plus et ils sont là cependant... les concerts recommencent, les bals bientôt. Enfin le Paris impérial renaît. »

2. L'armée allemande défila à Paris le 1er mars 1871.

3. Allusion probable à la Maison Dorée (et autres établissements semblables), restaurant de luxe où se retrouvait le Tout-Paris artistique, mondain... et demi-mondain.

page 71

1. Vampires nocturnes.

page 72

LE CŒUR DU PITRE

1. Autographes : dans la lettre à Izambard, 13 mai 1871; dans la lettre à Demeny, 10 juin 1871 (texte adopté).

Copie par Verlaine en octobre 1871.

Première publication : *La Vogue*, 7-14 juin 1886.

Le poème s'intitule « Le Cœur supplicié » dans le ms. Izambard, et « Le Cœur volé » dans la copie Verlaine.

Il est d'usage, à propos de ce texte, d'évoquer des scènes de corps de garde dont Rimbaud aurait été le témoin ou, même, la victime, lors d'un séjour à Paris. Il s'agit là, probablement, d'une des multiples formes du « mythe » qu'Étiemble a si bien dénoncé.

En fait, ces vers font le point. Après trois fugues, après avoir tâté de la politique et de la littérature, après avoir côtoyé des assis, des accroupis, et des amoureuses de toute sorte, l'adolescent s'interroge : il s'est sali au contact du

monde, il aspire, pour se régénérer, à des départs sur quelque
« bateau ivre ». Pour traduire son propos, Rimbaud utilise
deux images propres à sa création poétique : celle des soldats
(déjà ancienne) et, plus récente, celle du navire.

page 73

LES PAUVRES A L'ÉGLISE

1. Autographe dans la lettre à Demeny du 10 juin 1871
(texte adopté).
Première publication : *Le Reliquaire.*
Ce poème est peut-être celui qui va le plus loin dans le
mépris de la religion. Celle-ci n'est qu'une illusion, ou
qu'une sorte de drogue à l'usage des vieux, des faibles, des
malades et des miséreux.
2. Ornements en or.
3. Tel quel le vers est faux. On a proposé diverses correc-
tions : « Dehors, le froid, la faim, *et puis* l'homme en ribote »
(éd. Vanier, 1895) ; « Dehors, *la nuit*, le froid, la faim, l'homme
en ribote » (Bouillane de Lacoste).

page 74

LES MAINS DE JEANNE-MARIE

1. Autographe de la collection A. Bertaut (texte adopté) ;
les strophes 8, 11 et 12 sont de la main de Verlaine.
Première publication : *Littérature*, n° 4, juin 1919.
Sous le nom probablement symbolique de Jeanne-Marie,
Rimbaud glorifie les femmes du peuple en général, et plus
particulièrement les combattantes de la Commune.
2. Amoureuse issue de la haute société.

page 75

1. Voleter en bourdonnant. Ce mot se retrouve dans
« Voyelles », de même que *strideur*, employé dans « L'Orgie

parisienne ». Progressivement le mot devient élément essentiel de la création poétique. Cf. ici : *bleuisons* pour tonalité bleue, *nectaire* pour organe sécréteur de suc, *pandiculation* pour extension des membres et rejet en arrière du torse et de la tête. Mais ces équivalences détruisent la pluralité de sens attachée à chacun des termes employés et génératrice de la poésie.

2. Ce nom est ignoré des atlas. Quelle chance! C'est la preuve éclatante qu'un mot peut signifier en dehors d'un contenu précis. C'est sur ce point que porte la recherche poétique de Rimbaud durant ces quelques mois de 1871.

3. Double opposition : d'une part, entre un chant républicain et un chant d'église; mais, d'autre part, entre un hymne de force et d'énergie, et un autre fait pour implorer la pitié. Ici encore les mots postulent, nécessairement, plusieurs significations.

page 76

1. Ces derniers vers évoquent la répression exercée contre les Communards et, spécialement, contre les pétroleuses.

page 77

LES SŒURS DE CHARITÉ

1. Copie par Verlaine, datée de juin 1871 (texte adopté).
Première publication : *Revue littéraire de Paris et de Champagne*, octobre 1906.
Dans sa lettre à Demeny (17 avril 1871) Rimbaud écrit : « Il est des misérables qui, femme ou idée, ne trouveront pas la sœur de charité. » Le rapprochement évident ne suffit pas pour dater le poème d'avril, contrairement à l'indication de la copie. En revanche, il prouve que le poète traverse une crise qui n'est pas seulement sentimentale.

2. Cette strophe est grammaticalement la plus obscure. D'un côté, il faut comprendre, je crois, que la femme inspire

à l'homme une pitié douce; de l'autre, que ni regard, ni ventre, ni doigts, ni seins ne font d'elle une sœur de charité.

page 78

VOYELLES

1. Autographe donné à Émile Blémont (texte adopté).
Copie exécutée par Verlaine, en septembre 1871.
Première publication : *Lutèce*, 5-12 octobre 1883.

Le poème le plus connu de Rimbaud a suscité mille interprétations : toutes sont ingénieuses, aucune n'est décisive. Leur trait commun est de réduire le poème à une sorte d'anecdote. Et si, par hasard, il n'avait pas de sens suivi? Je m'explique.

Depuis quelque temps, Rimbaud a découvert tout ce que l'on pouvait tirer du *mot :* signe ou objet qui ne fixe pas le sens, mais donne l'essor à de multiples images. Autrement dit, Rimbaud se trouve — peut-être inconsciemment — devant le même problème que pose et résout Mallarmé avec le sonnet en *-yx :* ce qui compte d'abord, c'est un mot (ou l'essentiel à quoi il se réduit : quelques voyelles); à partir de là se développent des images purement intuitives, personnelles et qui sont, déjà, des « illuminations ».

Tout le problème de « Voyelles » n'est pas de savoir pourquoi A est noir, il est d'admettre que A est un objet dont on peut jouer, un signe auquel on peut donner diverses valeurs dans une sorte d'algèbre du langage. Rimbaud nous offre un exemple de ce que nous avons appelé la sémiotique. Il nous invite à ce que nous baptisons une « lecture plurielle ». C'est ce qui fait la difficulté du sonnet; c'est aussi en quoi il est une des créations les plus modernes de Rimbaud.

page 79

« L'ÉTOILE A PLEURÉ ROSE... »

1. Copie exécutée par Verlaine (sur le même feuillet que « Voyelles ») : texte adopté.

Première publication : *Revue littéraire de Paris et de Champagne*, octobre 1906.

On ne sait si ces quatre vers constituent un poème achevé ou s'ils ne sont qu'un fragment d'un plus long ensemble. Tels qu'ils sont, ils constituent un admirable hommage au corps féminin et à l'amour charnel.

La technique de ce quatrain est inséparable de celle qui préside à l'élaboration de « Voyelles ».

« LE JUSTE RESTAIT DROIT... »

2. Autographe dans l'ancienne collection Barthou (texte suivi).

Première publication : *Œuvres* de Rimbaud, éd. du Club du Meilleur Livre, 1957.

Il est difficile d'interpréter ce texte, qui n'est qu'un fragment d'un poème qui comportait 75 vers et s'intitulait « L'Homme juste ». On distingue, cependant, que Rimbaud oppose sa propre révolte à toutes les lâchetés et les soumissions.

3. Portier (en fait, ici, veut dire : porte).

page 80

1. Femelle de chien de chasse.
2. Déploration funèbre.

page 81

CE QU'ON DIT AU POÈTE À PROPOS DE FLEURS

1. Autographe dans la lettre de Rimbaud à Banville du 15 août 1871 (texte adopté).

Première publication dans le livre de M. Coulon, *Au cœur de Verlaine et de Rimbaud*, 1925.

Il est peu probable que, adressant un poème à Banville, Rimbaud ait voulu parodier ce dernier. Ce qu'il vise, c'est le monde moderne qui prétend domestiquer la poésie.

page 82

1. Sorte de palmier dont on utilise la moelle : il est opposé au lys, fleur inutile.
2. Personnage attaché à défendre la monarchie, symbolisée par le lys.
3. Évocation des fleurs données en récompense aux Jeux floraux.

page 83

1. L'ode à caractère mythologique.
2. Comprendre : une strophe qui aguiche le lecteur comme fait une jeune femme à sa fenêtre pour attirer le passant.
3. Célèbre dessinateur (auteur des *Fleurs animées*) peu goûté par Rimbaud.

page 84

1. Peut-être les luxuriances chères à Leconte de Lisle sont-elles visées en ces strophes.

page 85

1. ...emmerder.
2. Palétuviers.

page 86

1. Alliage imitant l'argent.
2. Le chat Mürr évoque, à la fois, Hoffmann et Baudelaire.

page 87

1. Polygraphe, collaborateur de la maison Hachette.

LES PREMIÈRES COMMUNIONS

2. Copie de Verlaine, septembre 1871 (texte adopté avec correction au v. 104, p. 91) : *soufraient*, au lieu de *souffraient* dans la copie).
Première publication : *Lutèce*, 2-9 novembre 1883.

On ne saurait oublier que la sœur de Rimbaud, Isabelle, a fait sa première communion en mai 1871. Dans ce poème, qui prolonge un état de crise déjà noté, l'auteur fait le procès de l'amour mystique au nom de l'amour charnel et sain.

page 88

1. Le sens de *foireux*, donné en général, est peu satisfaisant.

page 89

1. Brillantes.

page 93

LES CHERCHEUSES DE POUX

1. Première publication : *Lutèce* (19 oct. 1883), puis *Les Poètes maudits*, 1888 (texte adopté).

La date du poème est inconnue (certains le rattachent à des anecdotes qui remontent à 1870). La portée qu'il faut lui donner n'est guère mieux définie. Peut-être sommes-nous en présence d'une de ces « notations » auxquelles Rimbaud s'appliquait à un certain moment.

page 94

LE BATEAU IVRE

1. Copie faite par Verlaine, septembre-octobre 1871 (texte adopté).

Première publication : *Lutèce*, 2 novembre 1883.

La critique a deux façons d'aborder ce poème : « Le Bateau ivre » est un symbole de l'errance de Rimbaud, il est une façon de dire sa « *liberté libre* », et cette pétition de principe dispense de chercher plus avant. En ce sens, l'œuvre ne se rattache à rien. Pour d'autres, elle se rattache, au contraire, à tout ou presque.

Il semble bien évident que de multiples et diverses lectures ont fourni le matériel du poème. Certaines ont été faites dans une revue illustrée, *Le Magasin pittoresque*, ou dans Fenimore Cooper, ou Jules Verne dont *Vingt mille lieues sous les mers* offrait de riches suggestions comme l'a très bien montré Jacques-Henry Bornecque (*Revue des Sciences humaines*, janv. 1954). On ne saurait non plus négliger l'incitation produite par la publication du *Parnasse contemporain*, en 1866 et 1869, ou par certains poèmes de Léon Dierx, notamment « Le Vieux solitaire » (voir : Roger Caillois, *N.R.F.*, 1er juin 1959, et : Étiemble, « Les Sources littéraires du Bateau ivre », *Revue d'Histoire littéraire de la France*, septembre 1947, ainsi que *Le Mythe de Rimbaud*, t. II; consulter aussi Roland Barthes, *Mythologies*, « Nautilus et Bateau ivre »). On pourrait aussi ajouter à toutes ces références le nom d'Edgar Poe et celui de Victor Hugo.

Que Rimbaud ait accueilli toutes ces images du voyage, qu'il ait pris son bien partout où il se trouvait — agissant ainsi en vrai classique — n'est pas une explication suffisante. On n'est nullement poète parce qu'on suit ou pastiche les modes de son temps! Il reste que la destinée de ce bateau est à l'image de l'aventure poétique de Rimbaud : rudes échappées, tempêtes dans la solitude, déception. De toute la boue d'une tradition, il sait faire de l'or.

2. Qui devient laiteux.

page 95

1. Le nom de ce monstre biblique avait été donné à un gigantesque vapeur construit, en 1853, pour une compagnie anglaise. Cf. Victor Hugo, *La Légende des siècles*, « Pleine mer ».

page 96

1. Le Monitor était un navire de guerre américain; les *hanses* sont les anciennes compagnies maritimes et commerciales constituées, au Moyen Âge, entre certains pays d'Europe.

page 97

1. Démon stupide.

2. *Gouffre marin.* Dans *Une descente dans le Maelstrom,*
Baudelaire, traduisant Poe, parle d'un « terrible entonnoir ».
3. *Flaque d'eau.*

page 99

VERS NOUVEAUX

On désigne généralement l'ensemble de poèmes que voici
sous le nom de « Derniers vers », qui ne me semble nullement
justifié. J'adopte donc le titre proposé par Antoine Adam
pour ces pièces qui sont un renouvellement, non une fin.
Elles datent essentiellement de 1872.

page 99

« QU'EST-CE POUR NOUS, MON CŒUR... »

1. Autographe dans la collection Pierre Bérès (texte
adopté). Première publication : *La Vogue,* 7 juin 1886.
Rimbaud évoque ici les lendemains de la Commune et les
désirs de vengeance des insurgés après la répression. Il faut,
cependant, ne pas perdre pied sur une terre qui vacille ou se
dérobe : c'est le sens des derniers vers.
En plusieurs endroits (notamment aux vers 16 et 22)
s'annoncent des idées de la *Saison en enfer.*

page 100

LARME

1. Autographe donné par Rimbaud à Forain (texte
adopté) ; autre autographe, collection Pierre Bérès.
Première publication : *La Vogue,* 21 juin 1886.
Dans *Une saison en enfer,* Rimbaud propose de ce poème
un texte sensiblement différent, notamment pour le dernier
vers, dont le sens se trouve modifié (cf. p. 140).

Peu importe la date exacte du poème et le paysage précis auquel il se rapporte. L'essentiel est le libre jeu des images, et le regret de n'avoir pas pu ou voulu profiter de choses offertes.

2. Plante comestible de l'Inde. Rimbaud est sensible au charme sonore du mot plus qu'à son sens.

page 101

LA RIVIÈRE DE CASSIS

1. Autographe donné à Forain (texte adopté); un autre autographe dans la collection Pierre Bérès.

Première publication : *La Vogue*, 21 juin 1886.

Rimbaud a pu trouver des notations pour ce poème au cours de ses vagabondages dans les Ardennes. Mais il s'agit, surtout, d'un paysage imaginaire. Une confrontation du poète avec les éléments (surtout l'eau et le vent) s'y établit.

En attendant de *retrouver l'éternité*, Rimbaud abolit les notions de temps et d'espace réels.

page 102

COMÉDIE DE LA SOIF

1. Autographes : donné à Forain (texte adopté); collection Pierre Bérès; collection Ronald Davis, intitulé « Enfer de la soif », incomplet des deux dernières parties.

Première publication : *La Vogue*, 7 juin 1886.

Cette « comédie » a quelque chose d' « infernal », comme le suggère le titre donné par l'un des mss. Le thème de la soif est important dans la poésie de Rimbaud : à la fois désir de boisson qui satisfasse et régénère, et refus de breuvages connus trop fades ou trop corsés. Le thème se situe entre l'échec et l'espérance.

page 103

1. Alcool de genièvre à la saveur amère.

2. Cf. « L'Heure verte », dans *Le Coffret de santal* de Ch. Cros.

page 105

BONNE PENSÉE DU MATIN

1. Autographe dans l'ancienne collection Barthou (texte adopté) ; autre autographe : collection Messein.

Première publication : *Le Reliquaire.*

Comparer à la version donnée par Rimbaud, dans *Une saison en enfer* (p. 140).

Tout ce qu'écrit Rimbaud dans « Alchimie du verbe » (p. 139 sq.) éclaire ce poème qui n'est pas fait de notations anecdotiques. Boire « une fameuse gorgée d'eau-de-vie », embrasser l'aube d'été — façon de traduire un désir d'évasion et de transformation — sont des idées qui se retrouvent dans *Une saison en enfer* et les *Illuminations.* On rapprochera particulièrement du poème « Aube » (p. 178).

page 106

FÊTES DE LA PATIENCE

1. Sous ce titre général, Rimbaud réunit lui-même les quatre poèmes qui suivent. Je ne suis pas sûr qu'ils manifestent une résignation. Plutôt l'attente active de quelque chose ; et la joie — ou la fête — d'accéder au bout du compte à *l'éternité* ou à *l'âge d'or.*

Ces pièces témoignent d'une poétique d'où vont évidemment sortir d'une part la dramatique réflexion d'*Une saison en enfer,* d'autre part les *Illuminations.*

Bannières de Mai

2. Deux autographes : l'un ayant appartenu à Jean Richepin (texte adopté) ; l'autre à l'éditeur Vanier.

Première publication : *La Vogue,* 7 juin 1886.

3. Ce rêve alchimique d'un mariage de l'azur et de l'onde est réalisé dans « L'Éternité ».

page 107

Chanson de la plus haute tour

1. Autographes : à Richepin (texte adopté); collection Pierre Bérès.

Première publication : *La Vogue,* 7 juin 1886.

Deux strophes de ce poème sont citées dans *Une saison en enfer* (p. 142).

Le poème exprime un désarroi devant les expériences passées, en même temps que l'espérance d'un renouveau.

page 108

L'Éternité

1. Autographes : à Richepin (texte suivi); collection Pierre Bérès.

Première publication : *La Vogue,* 7 juin 1886.

Confronter avec la version donnée dans *Une saison en enfer* (p. 144).

L'éternité, *c'est la joie de l'instant,* dit très bien Étiemble. Rêve païen s'il en fut! possession globale du monde. Avec moins de talent et de succès, Ch. Cros avait visé le même but.

page 109

1. *Orietur :* mot latin, du verbe *orior* (se lever). On le trouve dans la Vulgate. On peut comprendre : pas d'aube.

Âge d'or

2. Autographes : à Richepin (texte suivi); collection Pierre Bérès.

Première publication : *La Vogue,* 7 juin 1886.

page III

JEUNE MÉNAGE

1. Autographe donné par Rimbaud à Forain, passé ensuite à l'éditeur Vanier (texte suivi).

Première publication : *Poésies*, 1895.

Dans un monde rempli de puissances maléfiques, un couple — lequel? — marche vers une dissolution qui n'est peut-être pas inévitable (cf. fin du poème). A l'arrière-plan, trois figures réelles : Rimbaud, Verlaine, et la femme de ce dernier, Mathilde.

2. Bleu-turquin : bleu ardoise (mais une confusion n'aurait-elle pu s'établir avec bleu-turquoise?)

page 112

« PLATES-BANDES D'AMARANTES... »

1. Autographe de la collection Pierre Bérès (texte suivi).

Première publication : *La Vogue*, 14 juin 1886.

Libre variation sur un paysage de « ville » dont les *Illuminations* donneront bientôt — ou donnent en même temps? — une autre version. Comme dans ces poèmes en prose, la pensée procède par associations polyvalentes. Certes, « *Cela ne veut pas rien dire* », mais toute traduction une et figée est impossible.

page 113

« EST-ELLE ALMÉE... »

1. Autographe dans l'ancienne collection Lucien-Graux (texte suivi).

Première publication : *Poésies*, 1895.

Ce poème, contemporain du précédent (juillet 1872) est de nature à en expliquer, sinon le sens, du moins la technique et le propos : le monde réel sert de point de départ aux fantasmagories du poète.

2. Le rêve entrevu est fête de nuit que détruira la clarté du jour réel.

3. Reprise, presque textuelle, d'un passage de « Bruxelles ». La phrase est capitale puisqu'elle porte sur le passage de la vision à son expression. Si nous sommes au point auquel fait allusion *Une saison en enfer* (« je m'habituai à l'hallucination simple »), il est clair que cette méthode implique un langage que Rimbaud tente désespérément de trouver.

page 114

FÊTES DE LA FAIM

1. Autographe passé aux mains de Charles de Sivry et correspondant au fac-similé Messein (*Les Manuscrits des maîtres*, 1919). Moins les corrections, comme l'a montré Pierre Petitfils de façon définitive. Nous suivons l'autographe.

Première publication : *Poésies*, 1895.

Comparer à la version donnée dans *Une saison en enfer*, p. 143.

Le poème est écrit à Bruxelles, et non à Londres, autant qu'on peut le savoir. Il ne fait donc pas allusion aux privations subies par Rimbaud dans la capitale anglaise : au contraire, il traduit un appétit de posséder l'univers, faim de vagabondage et de liberté. À un sens anecdotique se substitue une vision de l'existence.

2. Doucette : autre nom de la mâche.

page 115

« ENTENDS COMME BRAME... »

1. Autographe dans la collection Ronald Davis (texte suivi).

Première publication : *Le Reliquaire*.

Encore une transposition imaginaire. On y lit cependant assez nettement le déchirement entre le désir d'un breuvage magique, par quoi tout serait transformé, et la nécessité de rester prisonnier du « brouillard triste ».

page 116

MICHEL ET CHRISTINE

1. Autographe dans la collection Pierre Bérès (texte suivi).
Première publication : *La Vogue*, 14 juin 1886.

Le titre vient peut-être d'un vaudeville de Scribe : on n'en est pas plus avancé pour cela. Un fait : à l'orage succède dans les vœux du poète un apaisement non dépourvu de religiosité. Témoignage d'une crise dont nous retrouvons les échos dans *Une saison en enfer*.

2. Apollinaire (*Alcools*, « Marie ») utilisera les mêmes métaphores passant, lui aussi, des agneaux aux soldats.

page 117

HONTE

1. Autographe dans la collection Pierre Bérès (texte suivi).
Première publication : *La Vogue*, 14 juin 1886.

Antoine Adam me semble donner la dimension de ce poème en écrivant : Rimbaud « sait qu'il porte en lui des forces démoniaques. Mais il sait aussi que, pour les abolir, il faudrait changer sa nature, lui mettre une autre cervelle »... Désormais, Rimbaud se connaît « chat sauvage », féroce *gêneur* : c'est-à-dire éveilleur ou voyant.

page 118

MÉMOIRE

1. Autographe dans l'ancienne collection Lucien-Graux (texte suivi).
Premières publications : *L'Ermitage*, 19 septembre 1892 (pour les deux dernières parties); *Poésies*, 1895 (pour la totalité).

Rimbaud transpose librement des souvenirs personnels. Souvenir? Inventaire? On peut interpréter le titre comme on veut. En tout cas, Rimbaud fait le point en un moment de crise intérieure.

Exégèses récentes de ce poème par Mme Suzanne Briet et M. Jean-Pierre Giusto (*Études rimbaldiennes*, n° 3, 1972).

page 120

« Ô SAISONS, Ô CHÂTEAUX...

1. Autographe dans la collection Pierre Bérès (texte suivi). Première publication : *La Vogue*, 21 juin 1886.

Aux rêves et au temps perdu, Rimbaud oppose la plénitude du bonheur retrouvé en la compagnie de Verlaine : le sens priapique du v. 7 interdit toute spéculation métaphysique!

2. Selon l'usage, nous donnons les cinq derniers vers qui figurent, barrés, sur l'autographe.

UNE SAISON EN ENFER

De l'ensemble de son œuvre ce volume est le seul que le poète ait lui-même publié. Durant la fin de l'été 1873, il s'était mis en rapport avec une association ouvrière de Bruxelles, l'Alliance typographique (M. J. Poot et Cie) 37 rue aux Choux. Naturellement, l'édition devait se faire à compte d'auteur, et Mme Rimbaud avait accepté de faire les frais de l'impression. L'acompte fut versé; vers la fin du mois d'octobre, Rimbaud corrigea les épreuves et vint à Bruxelles prendre livraison de ses exemplaires d'auteur. Négligea-t-il de solder la note de l'imprimeur? Toujours est-il que le reliquat des 500 exemplaires du tirage dormit dans une cave jusqu'à ce qu'un amateur l'y trouvât, en 1901, et l'en exhumât, en juillet 1914.

Quelques volumes seulement avaient été distribués par

Rimbaud *au titre de son service de presse : notamment à*
Verlaine, Forain, Richepin, Delahaye.

   La date de composition de la Saison *en enfer peut paraître*
claire puisque Rimbaud lui-même a pris soin de dater son texte :
avril-août 1873. *Cette période couvre un séjour de Rimbaud à*
Roche, puis une longue errance avec Verlaine (Bouillon,
Anvers, Londres) qui s'achève par le drame de Bruxelles et le
retour de Rimbaud à Roche, après sa sortie de l'hôpital
Saint-Jean. Il se trouve qu'une partie de la critique discute les
dates avancées par l'auteur lui-même, en se fondant sur un
certain nombre de ses lettres. L'argument n'est pas décisif.
Quoi qu'il en soit, on voit bien ce qui est en jeu : une interpréta-
tion sensiblement différente de la Saison *selon que son achève-*
ment précède ou non le coup de revolver de Bruxelles.

   En fait, ici comme ailleurs, il importe de ne pas réduire
l'œuvre à une unité factice. Il est infiniment probable que les
diverses parties du volume n'ont pas été composées d'affilée,
mais sur un espace de plusieurs mois. Il y a même lieu de
penser que l'esprit de l'ouvrage s'est modifié au cours de sa
composition. C'est ce qui ressort de la correspondance de
Rimbaud et des brouillons dont quelques-uns subsistent. Ainsi,
en mai 1873, le poète travaillait à un livre païen, *ou* livre nègre,
« petites histoires en prose » *qui viendront grossir l'œuvre*
définitive, sans qu'on puisse rien préciser de plus, sinon que la
section qui paraît accueillir la plus grosse part de ce travail
primitif est « Mauvais sang ».

   Toutes ces imprécisions et ces difficultés ne dissimulent pas
pour autant le sens général du livre. Il s'agit d'une crise et
d'une révolte, au terme desquelles Rimbaud est « rendu au sol,
avec un devoir à chercher, et la réalité rugueuse à étreindre »!
On comprend dès lors pourquoi certains s'acharnent à tenir
Une saison en enfer *pour l'œuvre dernière de Rimbaud et son*
adieu à la littérature. Il m'apparaît que la critique interne —
et notamment les éléments fournis par certaines Illuminations —
rend cette position difficile à tenir.

   J'adopte le texte de l'édition originale, et je cite, en appendice,
les brouillons qui subsistent.

page 123

★ ★ ★ ★ ★

1. Il n'est pas essentiel de savoir, du moins pour ce premier chapitre, s'il se situe avant ou après Bruxelles. En effet, la démarche de la pensée est assez nette et indépendante de cet événement. Rimbaud — dans une sorte d' « avant le déluge » — a d'abord connu un temps de bonheur; puis il s'est révolté (contre la Beauté, la justice, etc.). Il lui revient pourtant des nostalgies et des envies de remonter à cet autrefois heureux; mais non, il est damné, et livre « *quelques feuillets de* [son] *carnet de damné* ».

2. Il se révolte contre la justice en ce qu'elle garantit l'observation des règles du jeu social.

page 124

1. La phrase se nie elle-même en un raccourci saisissant : un recours à la charité est impossible, s'il y est fait allusion, c'est qu'on est en pleine rêverie.

2. On a pensé que ce Satan était Verlaine. C'est improbable. En tout cas, cela n'apporte rien à la compréhension du passage.

MAUVAIS SANG

3. Si la *Saison en enfer* appelait le mot de « confession » (mais cela sent sa « mythologie »), c'est ici qu'il faudrait l'employer. Rimbaud remonte au plus éloigné et au plus profond de ce qui le conditionne et l'explique.

Dans une théorie de la race héritée de Michelet, il trouve l'explication de sa propre nature (I) [a]. Puis, il examine son passé (II) et la place qui doit être la sienne dans le monde (III). Cette place n'existe pas (IV); d'où le double rêve de révolte et d'appartenance à une race primitive — « nègre » — (V). Lorsque celle-ci est soumise à la conquête, Rimbaud est tenté d'abdiquer (VI); mais, en fin de compte, il restera en marge

[a]. Pour la commodité, j'ai numéroté de I à VIII les parties de ce chapitre.

(VII). La dernière partie (primitivement rattachée à la
IVe) paraît ouvrir l'alternative du suicide ou de l'acceptation.
Il existe un brouillon de « Mauvais sang » : cf. p. 207.

page 131

NUIT DE L'ENFER

1. L'insistance même du vocabulaire, — *Satan, damné,
enfer* —, prouve que Rimbaud traverse une crise qui n'est pas
seulement psychologique. Il pose ses problèmes en termes
religieux; mais tout s'arrête là. L'enfer, c'est surtout d'être
prisonnier d'une tradition. Le principal problème qui me
semble se poser ici est celui de la liberté.
Cf. un brouillon p. 208.

page 133

1. Nom populaire du diable dans la région de Vouziers.

page 134

DÉLIRES. I. Vierge folle

1. Le titre du passage est tiré d'une parabole de l'Évangile
(cf. Matthieu, XXV, 1-13). Cela dit, la critique a paru jusqu'ici
d'accord pour reconnaître, en ces lignes, l'évocation du
« ménage » Rimbaud-Verlaine. Marcel A. Ruff a révoqué cette
explication en doute et suggéré, avec beaucoup de force et
de vraisemblance, que ce « drôle de ménage » c'était Rimbaud
déchiré, aux prises avec lui-même. Ce n'est qu'après bien des
luttes qu'il lui « sera loisible de *posséder la vérité en une âme
et un corps* ».

page 139

DÉLIRES. II. Alchimie du verbe.

1. Voici le poète confronté avec sa tentative de voyance,
et la condamnant. Chemin faisant, il se cite lui-même;
M. Pierre Petitfils a très bien démontré que c'était de

mémoire et qu'ainsi s'expliquent les variantes que l'on relève entre les versions manuscrites d'un poème et celles offertes ici.

page *144*

1. Ce poème nous est révélé par *Une saison en enfer*; nous n'en connaissons aucun autographe ou copie manuscrite. Nous avons donc renoncé à le disjoindre, comme la plupart des éditeurs, pour l'introduire parmi les « Vers nouveaux ». Nous possédons un brouillon d' « Alchimie du verbe »; on le trouvera p. 210.

page *146*

L'IMPOSSIBLE

1. Face aux tentations et aux répulsions exercées par l'Occident, se dressent les mirages d'une philosophie orientale.

page *149*

L'ÉCLAIR

1. « L'Impossible » dressait un constat d'échec ou de carence. « L'Éclair » réintroduit un espoir aussitôt nié et perdu : « *Le travail humain ! c'est l'explosion qui éclaire mon abîme de temps en temps.* »

page *150*

MATIN

1. Du fond de cet enfer, une lumière a lui. Le poète entrevoit le temps où l'on chantera « Noël sur la terre ». Mais il apparaît encore bien lointain : une « longue marche » est promise aux esclaves.

ADIEU

1. « À dix-neuf ans, il entrait déjà dans son automne »,
écrit Antoine Adam. Oui, dans la mesure où Rimbaud rejette
le poids de tout un passé dont il a éprouvé l'inutilité; pour-
tant — ni *mage*, ni *ange*, mais *paysan* — il est prêt à repartir.
Il a fait le point. Tout peut recommencer.

ILLUMINATIONS

*Si l'édition que je propose était strictement chronologique,
je serais doublement embarrassé : où mettre les* Illuminations?
Avant, ou après Une saison en enfer? *Et, à supposer qu'on
dise :* les deux, *quels textes placer les premiers?* « Le pro-
blème des Illuminations » *existe : il a été posé, sinon résolu, par
Bouillane de Lacoste* (Arthur Rimbaud et le problème des
Illuminations, *Paris, Nizet, 1949). Je pense qu'une partie
des* Illuminations *est postérieure à la* Saison; *on me pardonnera
de ne pouvoir entrer ici dans le détail.*

*Une série d'éléments était claire pour les contemporains de
Rimbaud : il avait écrit des poèmes en prose, on connaissait
de lui un recueil qu'on appelait* Illuminations, *il avait chargé
Germain Nouveau de publier un volume de proses et demandé à
Verlaine de se dessaisir, pour les y joindre, de textes qu'il
détenait. Reste à accorder ces réalités ensemble, ce qui n'est pas
facile.*

*Quel recueil Rimbaud comptait-il publier? comment était-il
constitué? On ne sait. Il faut s'en rapporter, pour le détail de
cette obscure filiation, au travail remarquable de Pierre Petit-
fils (« Les manuscrits de Rimbaud », Études rimbaldiennes, 2,
Les Lettres modernes, 1970). Quoi qu'il en soit, des manuscrits
parvinrent à la revue* La Vogue *qui confia à Félix Fénéon le
soin de les classer et de les publier. Puis ces autographes furent
dispersés : la majorité constitua les deux recueils Lucien-Graux
(aujourd'hui à la Bibliothèque nationale) ; six se trouvent dans*

la collection Pierre Bérès ; un au musée Rimbaud de Charleville-Mézières, où l'on conserve aussi le fac-similé de « Jeunesse, II. III. IV » ; enfin, on a perdu la trace des autographes de « Dévotion » et « Démocratie ».

Les premières Illuminations *parurent dans* La Vogue, *en mai-juin 1886, puis en volume la même année, dans l'ordre choisi par Fénéon. L'édition de 1895 (Œuvres complètes, Vanier), en s'enrichissant de cinq pièces, modifia l'ordre des poèmes.*

En fait, nous ignorons tout de ce qu'eût été ce recueil si Rimbaud l'avait lui-même publié; tout, jusqu'au titre . se fût-il encore appelé Illuminations, *c'est-à-dire quoi? gravures coloriées? visions? mystère...*

page 155

APRÈS LE DÉLUGE

1. Texte du ms. Lucien-Graux, feuillet 1.

Le poème se situe entre un regret et un espoir : après un clair déluge, la civilisation anéantit et dégrade toute espèce d'aspiration naturelle et primitive; il faudrait un nouveau déluge, issu des profondeurs, pour faire un monde neuf qui serait, en même temps, le monde originel retrouvé.

À partir de cette idée indiscutable, on peut tout imaginer : vie intra-utérine, ou bien évocation d'avant et après la Commune, etc. Justes peut-être, ces interprétations sont toujours trop étroitement limitées; rien ne les justifie vraiment.

2. Idée : au sens étymologique = le déluge figuré dans l'absolu.

3. Café servi dans un grand verre et additionné d'alcool. L'usage de cette boisson, dont le nom remonte à l'époque de la conquête de l'Algérie, était assez répandu.

page 156

1. Nom d'une nymphe dans le *Télémaque* de Fénelon. De façon plus générale, le mot suggère la grâce et le naturel féminins.

ENFANCE

2. Texte du ms. Lucien-Graux, feuillets 2-5.

Un lien unit ces textes : diverses expériences possibles par lesquelles on passe de l'état d'enfant à l'état d'homme. Toute proportion gardée, il y a un aspect initiatique dans ces poèmes; d'où les images qui s'associent traditionnellement à la célébration des rites de passage. On reconnaîtra les allusions à l'expérience sexuelle, religieuse, familiale, scientifique au sens le plus large; peut-être tout ne conduit-il pas la méditation solitaire au lieu le plus isolé du monde. Rimbaud, au moment où il écrit, a sans doute à l'esprit des souvenirs personnels précis : il est impossible et vain de savoir ce qu'ils sont.

page 157

1. Terme forgé par Rimbaud à l'image du mot *géantes.*

page 160

CONTE

1. Texte du ms. Lucien-Graux, feuillet 5.

Ce Prince et ce Génie, que l'apologue met en présence, c'est Rimbaud. Au terme d'une quête de la « *vérité* », il se retrouve aux prises avec lui-même, ignorant de la « *musique savante* » à laquelle il aspirait de toutes ses forces.

page 161

PARADE

1. Texte du ms. Lucien-Graux, feuillet 6.

Comme dans « H », Rimbaud se refuse, au dernier moment, à donner la clef de l'énigme : parade foraine? défilé de troupes? cérémonie religieuse entrevue à Milan? Aucune explication n'est satisfaisante. Reprenant une hypothèse dont je faisais état il y a plus de dix ans, je propose de voir en ce texte l'évocation de l'homosexualité comme moyen de parvenir à la connaissance (à cette transformation *magnétique* de l'être). On comprend mieux, alors, que, comme pour « H », Rimbaud ne puisse s'exprimer clairement. Obligé, par les tabous de son temps, à « coder son message », il nous incite du moins à la recherche.

2. Le personnage de Beaumarchais dans *Le Mariage de Figaro*.

page 162

ANTIQUE

1. Texte du ms. Lucien-Graux, feuillet 7.
S'agit-il seulement d'une transposition d'art? Rimbaud évoque-t-il plastiquement une statue de faune? L'imagination créatrice du poète va plus loin en animant, de façon inquiétante, cet être hermaphrodite.

BEING BEAUTEOUS

2. Texte du ms. Lucien-Graux, feuillet 7.
L'être de beauté (mâle ou femelle) n'est pas seulement prétexte à une évocation sensuelle et érotique : devant lui, dépouillé de toute vieillerie, le voyant se sent revêtu d'un « *nouveau corps amoureux* ». L'essentiel est dans cette nouveauté. Mais à quelle destinée est-il voué : « combat érotique »? ou satisfaction solitaire du désir? en dépit de l'assurance des commentateurs, les trois dernières lignes sont ambiguës, et cela même est capital. Peut-être le titre est-il emprunté à un poème de Longfellow (« Footsteps of Angels », dans *Voices of the Night*).

page 163

VIES

1. Texte du ms. Lucien-Graux, feuillets 8 et 9.
Antoine Adam écrit : « Dans ce poème de " Vies ", un homme parle, qui a vécu en Orient et qui est maintenant

revenu dans une campagne d'Europe. Il s'ennuie, il se sou-
vient de ses voyages, il se sent hors de la vie. » Sans doute;
c'est pourquoi il se donne le spectacle de vies rêvées et de
vies possibles. « *À chaque être plusieurs autres vies me sem-
blaient dues* », disait Rimbaud dans *Une saison en enfer.*

2. *Campagne*, de même que plus haut *vieilles*, est bien le
texte donné par le manuscrit.

page 164

1. Allusion à Chateaubriand? Réflexion sincère, en tout
cas, qui rejoint cette phrase d'*Une saison en enfer :* « *Déci-
dément, nous sommes hors du monde... C'est le tombeau.* »

page 165

DÉPART

1. Texte du ms. Lucien-Graux, feuillet 9.
Ce poème se rattache étroitement, par son début, à
« Vies », III. Après le passé mort, c'est l'appel à un nouveau
départ. Quel est-il? et s'est-il seulement réalisé? nous n'en
savons rien : il serait tout aussi imprudent de penser qu'il
s'agit du départ avec Germain Nouveau (1874) que du départ
hors d'Europe (1878).

ROYAUTÉ

2. Texte du ms. Lucien-Graux, feuillet 9.
Il y a quelque chose de dramatique dans ce conte, et
d'inquiétant dans sa conclusion apparemment sereine; c'est
incontestable. L'apologue n'en est pas plus clair pour autant.
Les commentateurs se partagent en deux camps : les uns y
voient un symbole du poète et de son âme; les autres y lisent
la destinée solaire de Rimbaud et de son compagnon Ver-
laine. Quel que soit le sens du symbole, le poème s'inscrit
dans le même ordre de méditations que « Vies », III, et
« Départ » : échapper à l' « *assez connu* » pour trouver « *l'affec-
tion et les bruits neufs* ». Peut-être, pour reprendre des expres-

sions de Charles Cros, existe-t-il réellement des instants où l'on exerce sa royauté, où l'on sait qu'on tient l'univers en sa main royale (cf. *Le Coffret de santal*, « Lassitude »). Dans le texte de Rimbaud, il ne faut pas se laisser distraire par l'aventure extérieure d'un homme et d'une femme, rois pour l'espace d'un matin, mais écouter — au cœur du poème — le sens de cette aventure éphémère : « *Il parlait aux amis de révélation, d'épreuve terminée.* »

page 166

À UNE RAISON

1. Texte du ms. Lucien-Graux, feuillet 10.

On peut rapprocher ce poème de « Génie ». On y a vu la manifestation d'un « illuminisme social » de Rimbaud. Peut-être célèbre-t-il une humanité régénérée, et enfin harmonieuse, par l'amour réinventé.

MATINÉE D'IVRESSE

2. Texte du ms. Lucien-Graux, feuillets 10 et 11.

Ce poème a été inspiré par l'expérimentation du haschisch. Il ne s'agit pourtant pas d'une description purement clinique de ses effets; Rimbaud y montre aussi le degré de connaissance qu'une telle expérience permet d'acquérir. Le dérèglement raisonné des sens et les effets qu'il produit conditionnent une forme nouvelle d'écriture. L'ensemble de la tentative comporte ses dangers : le poète le dit explicitement.

3. Instrument de torture.

4. Primitivement, Rimbaud avait écrit l'adjectif au pluriel. Sur le manuscrit, il a barré le *s*.

page 167

1. En grosses lettres soulignées sur le ms. Le mot est dérivé de haschischins, secte de fumeurs de drogue (cf. Michelet, Baudelaire et Nerval). Henry Miller a donné cette phrase

pour titre à son essai sur Rimbaud (1955; trad. française :
Le Temps des assassins, 1970).

PHRASES

2. Texte du ms. Lucien-Graux, feuillets 11 et 12.

Ces huit fragments pourraient bien être, en réalité, deux
poèmes distincts, arbitrairement réunis : l'un, comportant
les trois premiers passages; l'autre, tout le reste. C'est,
d'abord, le poète devant l'amour décevant; ensuite, loin du
monde et de ses fêtes populaires, il se réfugie dans la soli-
tude et la contemplation de ses visions.

page 168

« UNE MATINÉE COUVERTE... »

1. Trempées (par analogie avec l'opération pratiquée sur
les fibres textiles pour en séparer la matière filamenteuse).

page 169

1. Il est douteux qu'il s'agisse des fêtes du 14 juillet, dont
la célébration n'est officiellement rétablie en France qu'en
1880. S'agit-il du 21 juillet, fête nationale belge? Quelques-
unes de ces « phrases » pourraient alors dater de 1872. Mais
il peut parfaitement s'agir d'une fête quelconque en juillet.

2. L'examen du ms. laisse à penser que ce fragment
comportait le début d'un autre paragraphe.

OUVRIERS

3. Texte du ms. Lucien-Graux, feuillet 13.

Il serait tout aussi dangereux de vouloir assigner une date
à l'anecdote qu'identifier les personnages en présence. Tout
au plus peut-on noter quelques analogies avec « Mauvais
sang », et le désir d'échapper au climat présent pour trouver
un « *autre monde* ».

4. Vent du Sud.

page 170

1. Flaque d'eau (mot déjà présent dans « Le Bateau ivre »).

LES PONTS

2. Texte du ms. Lucien-Graux, feuillet 13-14.

« Le poème naît et se développe au fil d'une dérive de l'imagination. Or, cette imagination (...) tend à organiser les perceptions successives en un spectacle, en un *opéra fabuleux et mouvant* » (Albert Py). On a supposé que Rimbaud pouvait s'inspirer d'un tableau : je ne sais. Il est sûr, en tout cas, que le poème utilise des techniques dont on ne trouvera l'équivalent pictural que beaucoup plus tard.

page 171

VILLE

1. Texte du ms. Lucien-Graux, feuillet 14.

Etiemble a montré qu'il s'agit sans doute ici d'une ville de rêve. Rimbaud y trouve l'occasion d'éprouver une prose poétique neuve, comme le suggérait Baudelaire en tête des *Petits Poëmes en prose*. Il fait, ici, un songe de modernité.

2. Mènent.

3. Déesses grecques de la vengeance.

page 172

ORNIÈRES

1. Texte du ms. Lucien-Graux, feuillet 14.

Selon Delahaye, la venue d'un cirque à Charleville aurait motivé ce poème. Un paysage, réel ou non, sert de point de départ et de « théâtre » à un *défilé de féeries*. C'est tout.

VILLES

2. Texte du ms. Lucien-Graux, feuillet 15.

Encore une ville de rêve, même si certains éléments en sont identifiables isolément. L'essentiel est ici, comme dans plusieurs poèmes du même ordre, un éblouissant « exercice de style ».

page 173

1. Dans les féeries anglaises, Mab apparaît comme la reine des fées.

page 174

VAGABONDS

1. Texte du ms. Lucien-Graux, feuillet 16.

Les « Vagabonds » sont Rimbaud lui-même et Verlaine (ce dernier précise, dans une de ses lettres, qu'il est mis en scène sous les traits du satanique docteur). Ce texte apporte un témoignage sur une aventure qui fut, aussi, poétique.

2. Ce vin a fait couler beaucoup d'encre! Il s'agit, tout simplement, d'eau de source.

VILLES

3. Texte du ms. Lucien-Graux, feuillets 16 et 17; écrit de la main de Germain Nouveau.

Les plus nombreux commentateurs voient, dans ce texte, l'évocation de Londres; A. Adam (avec une prudence que suggèrent nos connaissances en matière de composition et datation des *Illuminations*) suppose que cette ville est Stockholm. Commode ou non, l'idée qu'il s'agit encore d'une ville imaginaire, faite aussi de quelques détails réels, me paraît la meilleure.

page 175

1. Résidence royale, à proximité de Londres.

2. Le mot, difficilement lisible sur le ms., a été déchiffré par André Guyaux.

page 176

VEILLÉES

1. Texte du ms. Lucien-Graux, feuillets 18 et 19.

Trois poèmes différents de ton, et différents, par leur écriture, de la plupart des *Illuminations* (on notera en parti-

culier les assonances). Le premier évoque le repos dans
l'absolu de la notation, par le mot débarrassé de toute valeur
affective.

Le second (fantasmagories, rêves, jeux d'apparence) est
constitué à partir d'un vocabulaire spécifiquement théâtral.

Dans le troisième, après de nouvelles hallucinations,
une aube réelle vient décolorer les visions de la nuit.

page 177

1. Mot anglais désignant l'entrepont arrière d'un navire.
Dans le ms. le mot *steerage* surcharge le mot *pont.*

MYSTIQUE

2. Texte du ms. Lucien-Graux, feuillet 19.

Un des poèmes que la *Saison en enfer* éclaire : « Je m'habi-
tuai à l'hallucination simple : je voyais très franchement
une mosquée à la place d'une usine, une école de tambours
faite par des anges, des calèches sur les routes du ciel, un
salon au fond d'un lac; les monstres, les mystères »; Rimbaud
traduit tout cela par l'*hallucination des mots,* le *langage
universel résumant tout.*

page 178

AUBE

1. Texte du ms. Lucien-Graux, feuillets 19 et 20.

Il importe assez peu de savoir quel est le pays traversé
par le héros de ce poème (c'est-à-dire Rimbaud), ni même
quelle est cette déesse entrevue et poursuivie. C'est un rêve
conduit hors de l'espace et du temps réels, et qui se dissipe
quand on reprend conscience de ce temps; si l'on veut, c'est
encore « *une petite veille d'ivresse, sainte* » (« Matinée d'ivresse »)
ou bien le retour au quotidien de deux êtres qui « *furent rois*

toute une matinée » (« Royauté »). On sait, par ailleurs, que Rimbaud aimait cette « *heure indicible, première du matin* ».

2. Mot allemand qui signifie : cascade.

FLEURS

1. Texte du ms. Lucien-Graux, feuillet 20.

Voici le poème des « *pierres précieuses* » et des « *fleurs ouvertes* », dont « Après le déluge » regrettait la disparition. Le texte a-t-il un sens alchimique? C'est peu probable. Rimbaud transpose, par la puissance poétique d'une imagination toute minérale, le spectacle d'un paysage fleuri. Mer et ciel s'y confondent : c'est capital chez Rimbaud.

NOCTURNE VULGAIRE

2. Texte du ms. Lucien-Graux, feuillet 21.

Écroulement d'un monde sous l'effet d'un souffle, puis hallucinations et jeux de reflets jusqu'à la limite du cauchemar.

3. Opéradique : à la façon de l'opéra. V. P. Underwood a signalé la présence de ce mot sous la plume des Goncourt parlant de Watteau.

1. Jérusalem.

MARINE

2. Texte du ms. Lucien-Graux, feuillet 22.

Ces quelques vers libres fondent en une unité essentielle deux spectacles : bateaux près d'une jetée, labours en campagne. Tout est dans la façon d'*écrire* cette surimpression visuelle, où la mer devient terrestre et la terre fluctuante dans un vertigineux mouvement de lumière (cf. le début de « Mouvement »).

FÊTE D'HIVER

1. Texte du ms. Lucien-Graux, feuillet 22.

Paysage bruxellois (?), « fête galante », bal costumé, spectacle d'opéra-comique : « Aucune précision n'est possible » dit A. Adam qui ajoute, cependant : « On a l'impression que Rimbaud évoque librement une décoration de papier peint à la mode ancienne. » Dans un décor où l'espace est aboli, Rimbaud a « rêvé pour l'hiver » cette fête qu'il se donne dans un temps imaginaire. Au-delà d'un spectacle quelconque, s'éveille un monde étrange et neuf où notre humaine expérience de l'espace et du temps n'a plus de sens.

2. Fleuve de Turquie remarquable par ses nombreux détours.

3. Le poète latin.

4. Peintre français (1703-1770). Le XVIIIe siècle avait été remis à la mode par les Goncourt et, naturellement, par Verlaine.

ANGOISSE

5. Texte du manuscrit Lucien-Graux, feuillet 23.

Face au poète, se dresse une figure mythique, *Elle ou la Vampire* (c'est la Vie, selon A. Adam). Le poète éprouve alors une inquiétude : voir se briser devant elle son ambition de restituer progressivement la « franchise première ».

6. Cet *Elle* a suscité toutes sortes d'interprétations : la Femme (Gengoux) ; la Sorcière (Étiemble et Yassu Gauclère) ; la religion chrétienne (Matucci) ; la Mort (S. Bernard) ; haute figure féminine, sorte d'*imago* maternelle (A. Py) ; la Vie (A. Adam). Je crois qu'il ne faut pas identifier trop précisément *Elle*. Sa seule qualité est d'être un principe féminin, portant en soi l'apparence du succès, mais endormant les ambitions et risquant de conduire à l'abdication et à l'échec. *Elle*, c'est peut-être la forme très épurée que

Rimbaud donne à un mythe féminin que ses contemporains ont surabondamment traité (pour d'autres ce sera la Sphynge, ou la Dompteuse, ou la Distrayeuse); par-delà les figurations, Rimbaud, lui, remonte directement à un archétype.

page 182

MÉTROPOLITAIN

1. Texte du ms. Lucien-Graux, feuillets 23 et 24. La seconde moitié du poème est retranscrite de la main de Germain Nouveau.

Le métropolitain de Londres, en partie à ciel ouvert, a été mis en service en 1868; mais peu importent les lieux et les souvenirs réels. Le poème s'organise visiblement autour de l'idée de bataille (str. 2 et 5). A la *campagne* encore encombrée de légendes et de superstitions (y compris la religion chrétienne; d'où l'évocation des derniers potagers de Samarie), s'oppose la naissance d'une ville aussitôt habitée par de *jeunes familles pauvres.* On serait tenté de reconnaître là un aspect de l'illuminisme social professé par Rimbaud. Le poète est personnellement impliqué dans la construction de ce monde, construction possible (str. 4); mais en dépit de sa force, il y a toujours *Elle* (comme dans « Angoisse ») avec qui il faut se mesurer. Le poème pourrait donc évoquer, comme le précédent, l'ambition rimbaldienne de restituer la « *franchise première* » et les risques d'échecs qu'elle implique.

2. Ancienne ville de Palestine, capitale du royaume d'Israël. Pour comprendre ce que représente ce nom, aux yeux de Rimbaud, il faut se reporter au début des « Proses évangéliques » (« Bibliothèque de la Pléiade », p. 162).

3. Certains éditeurs lisent *langueur.* La graphie du ms. est incertaine.

4. Ancien peuple indigène d'Amérique du Sud, colonisé au XVIIe siècle par les jésuites.

BARBARE

1. Texte du ms. Lucien-Graux, feuillet 24.

On a trouvé à ce poème des sources dans un texte en prose publié dans *L'Artiste* en 1873 (A. Fongaro), dans *Moby Dick* de Melville (M. Davies) et l'on a opéré un rapprochement avec « Le Meuble », dans *Le Coffret de santal* de Ch. Cros (F. d'Eaubonne).

Le rythme, l'utilisation de refrains pourrait faire penser que Rimbaud subit, en effet, des influences formelles. En tout cas, le poème se situe, d'emblée, au-delà d'une certaine expérience à laquelle on a renoncé; il exprime la lutte barbare et toujours recommencée entre les contraires, mais aussi leur intime union : choses, éléments, êtres (à cet égard, il n'est pas impossible que la dernière strophe ait un sens érotique).

SOLDE

1. Texte du ms. Lucien-Graux II, feuillet 1. Ce poème, comme « Fairy », « Guerre » et « Jeunesse », n'apparaît pour la première fois que dans les *Œuvres complètes* de 1895.

Voici le bilan des *Illuminations*, et, plus généralement, des ambitions de Rimbaud. « La métaphore commerciale » marque « la dégradation en objets finis, inertes, dépareillés, des ambitions initiales » (Y. Bonnefoy). Tout espoir même est interdit, puisque ce qui pourrait rester à vendre sera inéluctablement soldé (dernière strophe).

2. On connaît le penchant de Rimbaud pour les doctrines anarchistes.

3. Anglicisme. Rimbaud affectionne cette graphie du mot *confort* (cf. « Adieu », p. 151).

4. Terme forgé par analogie avec un mot anglais qui est *unquestionable*.

I. FAIRY

1. Texte du ms. Lucien-Graux II, feuillet 2.

Poème de la force vitale, dans lequel retentissent des échos de « Voyelles ».

Fairy, en anglais, signifie *fée*.

2. Certains commentateurs ont voulu identifier cette Hélène avec celle de Troie : ce n'est guère convaincant.

3. Anglicisme.

II. GUERRE

4. Texte du ms. Lucien-Graux II, feuillet 4. Le titre est précédé du chiffre II; « Fairy » était suivi du chiffre I : il n'y a pas, pour autant, de rapport entre les poèmes.

Il faut prendre le poème pour ce qu'il est : l'aventure d'un enfant qui a appris à voir, qui est passé par les *succès* civils, et qui se prépare à un combat, par le droit ou par la force, combat dont la majorité ne saisira pas la logique. Quoi de plus juvénilement *simple?*

JEUNESSE

1. Texte du ms. Lucien-Graux II, feuillet 3, pour le premier fragment (« Dimanche »); pour les trois autres : texte du fac-similé conservé au musée Rimbaud de Charleville-Mézières (l'original a disparu).

Dans le premier poème l'*œuvre dévorante* entreprise par le poète est interrompue par des réflexions où transparaît l'imperfection du monde. Quel sens donner à ces lignes? J'en vois deux : après un regard jeté au monde, le poète revient à lui pour travailler à son œuvre sans plus se soucier de rien; ou bien : le regard jeté à la misère du monde est une incitation à reprendre l'œuvre ambitieuse entreprise.

On serait, dans cette seconde hypothèse, ramené à l'illuminisme social de Rimbaud.

2. Risque-tout ou hors-la-loi (mot courant dans le vocabulaire journalistique anglais du xIxe siècle).

3. Le second poème : un homme ordinaire qui attend l'amour et ne sait s'il sera dangereux ou réconfortant; un homme qui regarde le monde séduisant et périlleux; un homme, enfin, dont les *impatiences* en une *humanité fraternelle* se résolvent — et, peut-être, se dissolvent — en « *votre danse et votre voix* » uniquement goûtées maintenant. Poème difficile, mais qui, dans cette perspective, se rattache à la fois au thème social et à celui de la lutte ensorcelante avec *Elle*, ou la *Sorcière*, ou la *Vampire*. Il y a également lieu de le rapprocher de « Fairy ».

Le titre « Sonnet » correspond à la disposition du ms. sur quatorze lignes. Nous marquons par des barres la découpe de chaque ligne.

page 187

1. « Vingt ans » ne fait que souligner le contraste entre l'optimisme d'autrefois et le vide actuel, après « *l'ingénuité physique amèrement rassise* ». L'expérience charnelle me semble un élément capital des poèmes II et III.

2. Le dernier texte est dynamique. Refusant l'état qui est celui d'Antoine, soumis à la dépression et à l'effroi, l'écrivain (Rimbaud lui-même, sans doute) va se mettre au travail. Dans l'acte créateur, il se retrouvera lui-même et — qui sait? — découvrira la possibilité de « changer la vie ».

Ces quatre poèmes me semblent dessiner une courbe cohérente.

pages 188

PROMONTOIRE

1. Texte du ms. conservé au musée Rimbaud de Charleville-Mézières (ancien ms. Guelliot).

V. P. Underwood a montré que ce texte était inspiré par le spectacle de la ville de Scarborough. Les procédés de création poétique, chez Rimbaud, ne ressortent qu'avec plus de force de cette confrontation avec l'humble et grise réalité.

2. Temple (mot latin).

3. Processions (sens étymologique).

4. Mot anglais signifiant *digue*.

page 189

SCÈNES

1. Texte du ms. Pierre Bérès.

L'ambiguïté du poème tient à ce que Rimbaud y mêle, volontairement, le réel et l'imaginaire.

2. En anglais : *jetée.*

3. Dans le ms., *des mystères* surcharge *comédiens.* A. Adam comprend : « Des comédiens couverts de plumages d'oiseaux. »

page 190

SOIR HISTORIQUE

1. Texte du ms. Pierre Bérès.

Il faut, je crois, comprendre ce poème dans la perspective du grand soir de la Révolution. La *même magie bourgeoise* a beau se renouveler partout où l'on se rend, un *soir* l'événement attendu se produira, et il ne sera pas légendaire, mais *historique.*

2. J'adopte la lecture de P. Hartmann. Certains lisent : *fauteuils de rocs.*

3. La malle-poste.

4. Dans la mythologie scandinave, les trois déesses qui donnent la loi au monde, créent la vie et décident du sort des mortels. Leconte de Lisle avait évoqué ces déesses dans *Les Poèmes barbares.*

BOTTOM

1. Texte du ms. Pierre Bérès.

Le titre primitif du poème était « Métamorphoses »,
avant d'emprunter celui de *Bottom*, personnage du *Songe
d'une nuit d'été*, transformé en âne; mais il n'est pas impos-
sible que Rimbaud joue aussi sur un des sens du nom com-
mun *bottom*, en anglais : fond, bas. À force d'être Bottom,
on est ravalé au degré inférieur. De métamorphose en méta-
morphose (oiseau, tapis de fourrure) le *grand caractère* pour
qui la *réalité* était trop *épineuse* (on notera au passage
l'humour de Rimbaud) se retrouve âne exerçant sa virilité
sur des *Sabines de banlieue* (des prostituées, pensent certains).
Il n'est pas impossible que Rimbaud pense à *L'Âne d'or*
d'Apulée autant qu'à Shakespeare.

H

2. Texte du ms. Pierre Bérès.

A ce rébus on a donné toutes sortes de solutions : Hor-
tense représenterait la courtisane (Rolland de Renéville), la
haschisch (Y. Bonnefoy), la pédérastie (A. Adam), la mastur-
bation (Etiemble et Gauclère). Yves Denis, plus récemment,
propose une explication qui est la synthèse de ces deux
dernières.

3. *L'hydrogène clarteux*, c'est le gaz d'éclairage!

MOUVEMENT

1. Texte du ms. Pierre Bérès.

Ce poème développe le symbole des conquérants d'un
nouveau monde. C'est l'*en-avant* dans l'*extase harmonique*
et l'*héroïsme de la découverte*.

2. Pièce de bois élevée à l'extrémité de la quille sur l'arrière d'un bâtiment.

3. Courant (mot allemand).

4. Cf. « Solde », page 184, n. **3.**

page 193

DÉVOTION

1. Pas d'autographe connu; texte de *La Vogue* (21-27 juin 1886).

À qui, et au nom de quelles valeurs cette « Dévotion »? On ne saurait le dire clairement. Les « mystérieuses passantes » dont parle André Breton n'ont pas vraiment livré leur secret. M. A. Adam suppose que Rimbaud est prêt à jeter sa prière « à tout culte et même à toutes les rêveries *métaphysiques*. À tout, pourvu qu'il ne s'agisse pas de revenir à la religion qui pesa sur son enfance. « *Plus alors.* » Quoi qu'il en soit, de nombreuses phrases du texte ont un sens érotique.

2. Aucune explication satisfaisante n'a été proposée pour ce mot *baou*.

3. En anglais : amadou, ou courage.

page 194

DÉMOCRATIE

1. Pas d'autographe connu; texte de *La Vogue* (21-27 juin 1886).

L'ironie et la satire nourrissent ce poème qui flétrit les « démocraties » colonialistes, mais sous-entend un appel à la véritable démocratie.

2. Producteurs de poivre.

GÉNIE

3. Le ms. autographe appartient à Pierre Berès.

C'est ici l'évangile des temps nouveaux. Le poème se rattache à l'illuminisme social et démocratique que Rimbaud a déjà souvent manifesté : certains mots clefs sont proches des titres des *Évangiles* de Zola, et parfois même identiques.

Le Génie est *éternité* et *amour, mesure parfaite et réinventée, raison merveilleuse.* Il serait, évidemment, intéressant d'être assuré de la date d'une telle pièce; on ne possède, malheureusement, aucune certitude en ce domaine.

INDICATIONS BIBLIOGRAPHIQUES

Éditions.

Les textes parus du vivant de Rimbaud sont très peu nombreux : *Une saison en enfer*, 1873; *Illuminations*, notice par P. Verlaine (publications de *La Vogue*, 1886); *Le Reliquaire. Poésies*, Préface par Rodolphe Darzens (Genonceaux, 1891).

Par la suite, le lecteur a pu disposer des éditions collectives plus ou moins complètes que voici : *Poésies complètes de J.-A. Rimbaud*, préface de P. Verlaine (Vanier, 1895); *Œuvres de J.-A. Rimbaud. Poésies. Illuminations. Autres Illuminations. Une saison en enfer.* Préface de P. Berrichon et E. Delahaye (Mercure de France, 1898); *Œuvres d'A. Rimbaud. Vers et prose*, par P. Berrichon (Mercure de France, 1912); *Œuvres d'A. Rimbaud. Vers et prose*, par P. Berrichon. Préface de Paul Claudel (Mercure de France, 1916).

Ces deux derniers titres ont été, de très loin, les plus répandus pendant plusieurs décennies. Il faut y ajouter, cependant, la première édition complète parue chez Stols, en 1931, par les soins de Pascal Pia.

Les travaux d'édition critique commencent avec les éditions d'H. de Bouillane de Lacoste (*Poésies*, Mercure de France, 1939; *Une saison en enfer* et *Illuminations*, Mercure de France, 1949) pour en arriver à la récente édition critique et commentée des *Illuminations*, par Albert Py (Genève, Droz; Paris, Minard, 1967).

Entre-temps, a paru l'édition des *Œuvres complètes*, établie par J. Mouquet et Rolland de Renéville (« Bibliothèque de la Pléiade », Gallimard, 1946). Plusieurs fois rééditée, augmentée notamment en 1954, elle offrait commodément la presque totalité de l'œuvre, exception faite de la correspondance dont tout était loin d'être révélé. Sans oublier l'édition Hartmann (Club du Meilleur Livre, 1957), qui procède à une sérieuse révision du texte, il faut attendre les *Œuvres complètes*, édition établie, présentée et annotée par A. Adam pour disposer d'un corpus pratiquement définitif (« Bibliothèque de la Pléiade », Gallimard, 1972).

On pourra recourir également à la riche et impartiale annotation de Suzanne Bernard : Rimbaud, *Œuvres* (Paris, Garnier, 1960, édition revue par André Guyaux, 1981 et 1983).

Bibliographie.

L'ouvrage de base est celui de Pierre Petitfils, *L'œuvre et le visage d'A. Rimbaud*, Nizet, 1949.

On le complétera par un article de Suzanne Bernard, « État présent des études sur Rimbaud », *L'Information littéraire*, 1962, n° 2-3; puis par les *Études rimbaldiennes* (dirigées par Pierre Petitfils), Lettres modernes, Minard, 1967-1972; enfin par les séries *Arthur Rimbaud*, chez le même éditeur, depuis 1972 (bibliographie annuelle sous la direction de Peter C. Hoy).

Biographie.

Henri Matarasso et Pierre Petitfils, *Vie de Rimbaud*, Hachette, 1962. Les mêmes auteurs ont donné chez Gallimard (« Bibliothèque de la Pléiade ») un *Album Rimbaud*, iconographie commentée, 1967.

Études d'ensemble.

Elles sont innombrables et inégalement utiles ou utilisables. Je retiens :

Etiemble et Yassu Gauclère, *Rimbaud,* nouvelle édition, Gallimard, 1957; Yves Bonnefoy, *Arthur Rimbaud par lui-même,* Le Seuil, 1961; Marcel A. Ruff, *Rimbaud,* Hatier, 1968. On peut s'amuser à suivre l'histoire des interprétations auxquelles Rimbaud a donné lieu. Il faudra commencer par les Préfaces (Berrichon, Delahaye, Claudel) aux éditions citées plus haut. On y ajoutera : E. Delahaye, *A. Rimbaud* (Messein, 1923); Marcel Coulon, *Le Problème de Rimbaud poète maudit* (Nîmes, 1923); André Breton, *Manifestes du surréalisme* (coll. Idées, N.R.F.) et du même : *Les Pas perdus, Entretiens, Flagrant délit;* Benjamin Fondane, *Rimbaud le voyou* (Denoël et Steele, 1933); Colonel Godchot, *Rimbaud ne varietur* (Nice, 1936-1937); Enid Starkie, *Rimbaud en Abyssinie* (traduction française, Payot, 1938); C. A. Hackett, *Rimbaud l'enfant* (Corti, 1948); J. Gengoux, *La Pensée poétique de Rimbaud* (Nizet, 1950); Etiemble, *Le Sonnet des Voyelles,* Gallimard, 1968; Henry Miller, *Le Temps des assassins* (P. J. Oswald, 1970); Maurice Choury, *Les Poètes de la Commune* (Seghers, 1971). Marc Eigeldinger, *Rimbaud et le mythe solaire* (La Baconnière, Neuchâtel, 1964); Jean Richer, *L'Alchimie du verbe de Rimbaud* (Didier, 1972).

J'ai gardé pour la fin le monumental travail de remise en question procuré par Etiemble : *Le Mythe de Rimbaud* (3 volumes, Gallimard) dont le premier tome constitue une bibliographie rimbaldienne très fournie.

Il reste à souhaiter que les études linguistiques s'intéressent systématiquement à Rimbaud. Elles nous ont déjà donné quelques essais prometteurs. Voir notamment les articles de Jean-Pierre Dumont et Claude Zilberberg (*Essais de sémiotique poétique,* Larousse, 1972) et les indications bibliographiques fournies par Peter C. Hoy dans *Arthur Rimbaud. 1* (Paris, Lettres modernes, 1972).

Complément bibliographique

On trouvera de précieuses indications générales dans : André Guyaux, « Où en est Rimbaud ? », *Romantisme*, n° 36, 2e trimestre 1982; Michel Décaudin, « Travaux récents sur Rimbaud », *L'Information littéraire*, n° 4, septembre-octobre 1983.

Parmi les éditions récentes du texte, outre la révision par André Guyaux du volume établi par Suzanne Bernard (ci-dessus, p. 294), les ouvrages suivants sont à signaler : *Poésies (1869-1872)*, édition établie par Frédéric Eigeldinger et Gérald Schaeffer (A la Baconnière-Payot, 1981); *Poésies*, édition critique par Marcel A. Ruff (Nizet, 1978); *Lettres du voyant* (13 et 15 mai 1871) éditées et commentées par Gérald Schaeffer, précédées de « La Voyance avant Rimbaud » par Marc Eigeldinger (Droz-Minard, 1975); *Illuminations*, manuscrit autographe reproduit et commenté par Roger Pierrot (Ramsay, 1984).

Une *Table de concordance des « Poésies »* a été établie par André Bandelier, Frédéric Eigeldinger, Pierre-Éric Monnin, Éric Wehrli (A la Baconnière-Payot, 1981).

Du côté de la biographie : Frédéric Eigeldinger et André Gendre, *Delahaye témoin de Rimbaud* (A la Baconnière, Neuchâtel, 1974); Pierre Petitfils, *Rimbaud* (Julliard, 1982); Enid Starkie, *Rimbaud*, traduction et présentation par Alain Borer (Flammarion, 1982).

Pour la critique, je me borne à quelques titres : Pierre Brunel, *Arthur Rimbaud ou l'éclatant désastre* (coll. « Champ vallon », P.U.F., 1983); Pierre Brunel, *Rimbaud projets et réalisations* (Champion, 1984); Margaret Davies, « *Une Saison en enfer* », analyse du texte (Lettres modernes, Minard, 1975); Etiemble, *Rimbaud, système solaire ou trou noir?* (P.U.F., 1984); Jean-Pierre Giusto, *Rimbaud créateur* (P.U.F., 1980); André Guyaux, *Les « Illuminations » : poétique du fragment* (A la Baconnière-Payot, 1984); Atle Kittang, *Discours et jeu, essai d'analyse des textes de Rimbaud* (Presses universitaires de Bergen et de Grenoble, 1975); Paule

Lapeyre, *Le Vertige de Rimbaud* (A la Baconnière-Payot, 1981); Alain de Mijolla, « L'Ombre du capitaine Rimbaud », dans *Les Visiteurs du moi* (Les Belles Lettres, 1981); Jean-Claude Morisot, *Claudel et Rimbaud* (Lettres modernes, Minard, 1976); Jacques Plessen, *Promenade et poésie : l'expression de la marche et du mouvement dans l'œuvre de Rimbaud* (Mouton, 1967); Jacques Rivière, *Rimbaud,* dossier présenté, établi et annoté par Roger Lefèvre (Gallimard, 1977); Judith Robinson, *Rimbaud, Valéry et « l'incohérence harmonique »* (Lettres modernes, Minard, 1979).

Précieuses sont les pages consacrées à l'œuvre de Rimbaud dans : Hugo Friedrich, *Structures de la poésie moderne* (Denoël, coll. « Médiations », 1976); Jean-Pierre Richard, *Poésie et profondeur* (Le Seuil, 1955); Tzvetan Todorov, *Les Genres du discours* (Le Seuil, 1978).

Plusieurs ouvrages collectifs ou numéros spéciaux de revue sont consacrés à Rimbaud : *Études sur les « Poésies » de Rimbaud* (A la Baconnière-Payot, 1979); *Rimbaud, Berenice,* n° 2, mars 1981 (Rome); *Lectures de Rimbaud, Revue de l'Université de Bruxelles,* 1982; « *Minute d'éveil* », *Rimbaud maintenant* (S.E.D.E.S., 1984); « *Lieu vélique* », études sur A. Rimbaud et G. Nouveau (S.E.D.E.S., 1984); *Rimbaud, Cahiers de l'Association Internationale des Études Françaises,* n° 36, mai 1984.

Trois revues, de périodicité inégale, se consacrent à l'exégèse rimbaldienne : *Rimbaud vivant* (dir. Pierre Petitfils et Suzanne Briet, n° 1, 1973); *Arthur Rimbaud* (dir. Louis Forestier, Lettres modernes, Minard, n° 1, 1973); *Circeto* (dir. Jean-François Dos Reis, Rémi Duhart, Steve Murphy, n° 1, Charleville, 1983).

VERS NOUVEAUX

UNE SAISON EN ENFER

ILLUMINATIONS

Table 303

APPENDICES

COMMENTAIRES

DERNIÈRES PARUTIONS

Ce volume,
le quatre-vingt-septième de la collection Poésie,
a été achevé d'imprimer sur les presses
de l'imprimerie Bussière à Saint-Amand (Cher),
le 7 décembre 2001.
Dépôt légal : décembre 2001.
1er dépôt légal dans la collection : février 1973.
Numéro d'imprimeur : 16952.

ISBN 2-07-031955-5./Imprimé en France.